ブッダ100の言葉

仕事で家庭で、毎日をおだやかに過ごす心得

佐々木閑　訳・監修

宝島社

ブッダ 100の言葉

佐々木閑　訳・監修

はじめに

佐々木閑（花園大学文学部教授）

ブッダという人は、世にも変わった宗教家である。宗教といえばたいていは、祈祷《きとう》や呪文で魔除《まよ》けを行ったり、神に祈って永遠の幸せを願ったりといった、超自然的なパワーで人生を乗り切っていこうとするものである。しかしブッダは、そのようなことはまったく考えなかった。考えないどころか、そういう超常現象的活動を、愚かなまやかしとして嫌ったのである。ある意味、ブッダは反宗教的な宗教家であったと言うこともできる。

ではブッダが創設した仏教という宗教の基本は何か。それは、自分の努力によって自己を改造することで、さまざまな苦しみにも動じない絶対の安穏状態を実現せよという主張、もっと端的に言えば、「自分を変えることによって苦しみを消す」という教えである。

何か外部にいる不思議な存在にお願いしても意味がない。なぜなら、そんな存在は実際にはいないからである。この世は誰かが作ったのでもないし、誰かがコントロールしているのでもない。この世は、ただ原因と結果の因果則によって粛々《しゅくしゅく》と機械的に動いているにすぎない。そんな非情の世界でわれわれは年をとり、病気になり、死んでゆく。助けて欲しいと願っても、救済者はどこにもいない。この世は実につらく悲しい苦悩の海である。そうなると、我が身を救う道は1つしかない。外から押し寄せる苦しみを苦しみと感じないような独自の「あり方」を、自助努力によって作り上げていくのである。

では、どうすればそのような自己改造が可能になるのか。まさにこれこそが、ブッダが追い求め、そして解決した問題であった。ブッダは何年ものあいだ修行を続け、その結果として答えを見つけた。それがいわゆるブッダの「悟り」である。悟りをひらいたブッダは、その答えを、自分一人で抱え込むことなく、同じように「生きる苦しみ」で悶《もだ》えている人たちにも説き広めようと、布教の旅に出る。80歳で亡くなるまでのおよそ45年間、ブッダはひたすら人々に教えを説いたのである。それがのちに「お経」というかたちでまとめられ今に伝えられている。

ただし、現在残っている「お経」がすべてブッダの教えというわけではない。「これこそがブッダの教えだ」と言って、のちの世の人々が次々に新しい「お経」を作っていったので、今ある「お経」のほとんどは別の人の作である。それでもいろいろ研究して、新しい「お経」と古い「お経」を区分けしていけば、一番古い時期に作られた「お経」を探し出すことはできる。それはおそらく、ブッダが見つけた答えをほぼそのままに残した、まさしく「ブッダの言葉」と呼べるものであろう。

この本では、そういった最古の「お経」をもとにして、ブッダが見つけた自己鍛錬の道を紹介する。ブッダはそれを生きる苦しみを消すための方法として皆に布教したのであるが、その基本が自己改造、自己鍛錬である以上、「自分を変えたい」と願う人たちのさまざまな局面においても、大いに役立つはずである。

ブッダの悟りの基本を簡略に説明しよう。私たちは「自分はいつも正しく世の中を見ている」と思って暮らしている。だからこそ、自分の立場を守ろうとして、争ったり憎んだり執着したり威張ったりするのである。そしてそれがまわりまわって苦しみとなって自分に降りかかってくる。ブッダは、その「自分は正しい」という思いそのものが錯覚だと言う。それはみな、ありもしない「自分（我《が》）」というものを想定し、その我を中心にして世界を構築していることから生じる虚妄の信念なのである。したがって、苦しみを取り除くためには、その錯覚を消さねばならない。「自己中心ではない世界観」を組み上げ、それを基盤にして生きていくということである。

しかしこれはまさに「言うは易《やす》く行うは難し」である。人は誰でも自分を真ん中に置いて世界を見ている。それを否定して「自己中心ではない世界観」を作れとブッダは言う。「わかりました」と口では答えても身体はそう簡単に納得してくれない。世界観を変えるということは、自分自身が根底から変わるということである。一朝一夕でできるはずがない。この目的を完成するには、毎日毎日繰り返しのトレーニングによって少しずつ自己の内面を掘り下げ、矯正すべきところは矯正する、そういう努力が必要となってくる。これこそが仏教の修行である。

このように仏教は本質的に修行の実践を土台とする宗教であるから、頭で理解するだけでは意味がない。しかし、かといって、なんの指導もなく自己改造などできるはずがない。そこに「お経」の意味がある。「お経」で語られているブッダの言葉は、人が自分で自分を変えていくためのマニュアルである。ものごとを見るときの視点の設定方法や日々の暮らしのあり方、他人との付き合い方など、自分を変えるために重要な知識を、誰にでもわかるやさしい言葉で語ってくれる。それを読み、納得したなら、実際にその通りにやってみる。それを毎日繰り返し実践することで、ブッダの言葉は初めて私たち自身の役に立つのである。

多様化し、複雑化する社会の中で、なんとか自分を変えて、より自由で安楽な生き方を実現したいと願う人の数は多い。どうやったら自分は変わるのか。ブッダはそれを2500年前に考えて答えを出した。今そのブッダの教えに触れることで、私たちにも実践の道が開ける。いくら時代が進んでも、人の心の構造は変わらない。ならば当然のことながら、その心を平安に保つための方法も変わるはずがない。ブッダの言葉はときを超えて、私たちに平安への道を説き示してくれるのである。

目次

第1章 自己を鍛える

ブッダの言葉 001 自分自身に勝つ …… 14
ブッダの言葉 002 自己の目的を理解せよ …… 16
ブッダの言葉 003 他人の間違いより自分の行い …… 18
ブッダの言葉 004 他人のあら探しはやめよ …… 20
ブッダの言葉 005 自分を救えるのは自分 …… 22
ブッダの言葉 006 老いる自分に向き合う …… 24
ブッダの言葉 007 善いことを行うのは難しい …… 26
ブッダの言葉 008 自分の愚かさを知る …… 28
ブッダの言葉 009 利己・利他を超える仏教 …… 30
ブッダの言葉 010 すべては自分の心がけ次第 …… 32
ブッダの言葉 011 蛇が脱皮するように自己を変える …… 34
ブッダの言葉 012 自己を正しく制御すること …… 36
ブッダの言葉 013 実践しない怠け者 …… 38
ブッダの言葉 014 ブッダの教えは実践マニュアル …… 40

ブッダの言葉015 言葉の使い方……42
ブッダの言葉016 言葉によって負の連鎖を断ち切る……44
ブッダの言葉017 慢心を捨てよ……46
ブッダの言葉018 自分自身を拠り所として生きよ……48

第2章 心への配慮

ブッダの言葉019 苦しみは心から……52
ブッダの言葉020 わがままな心……54
ブッダの言葉021 心を堅固にせよ……56
ブッダの言葉022 善は急げ……58
ブッダの言葉023 心を鋭く集中させる……60
ブッダの言葉024 他者を欺くな……62
ブッダの言葉025 母が子を愛するように……64
ブッダの言葉026 他者からの言葉……66
ブッダの言葉027 聖者の心……68
ブッダの言葉028 言葉・心・行為……70

ブッダの言葉 029 自己を愛する者……72

第3章 執着と煩悩

ブッダの言葉 030 欲望とは「味わいのない楽しみ」である……76
ブッダの言葉 031 子どもと財産……78
ブッダの言葉 032 愛慕と快楽……80
ブッダの言葉 033 恥を知ること……82
ブッダの言葉 034 悪魔の誘惑……84
ブッダの言葉 035 苦行では悟れない……86
ブッダの言葉 036 恐怖にかられた人々……88
ブッダの言葉 037 煩悩の親玉……90
ブッダの言葉 038 無一物でいる者……92
ブッダの言葉 039 托鉢をする精神……94
ブッダの言葉 040 愛という煩悩……96
ブッダの言葉 041 所有欲……98
ブッダの言葉 042 身から出たさび……100
ブッダの言葉 043 輪廻——永遠の苦しみ……102

ブッダの言葉 044 心の5つの覆い……104
ブッダの言葉 045 本当の「なまぐさ」……106
ブッダの言葉 046 ものへの執着……108

第4章 生死を見つめる

ブッダの言葉 047 人間の運命……112
ブッダの言葉 048 老いと死の不幸……114
ブッダの言葉 049 陽炎のような生……116
ブッダの言葉 050 老・病・死……118
ブッダの言葉 051 真の長老……120
ブッダの言葉 052 「私」の正体……122
ブッダの言葉 053 骨と肉と血……124
ブッダの言葉 054 死という苦しみ……126
ブッダの言葉 055 「家」を出る……128
ブッダの言葉 056 殺すなかれ……130
ブッダの言葉 057 眠れない夜……132
ブッダの言葉 058 虚しい100年よりも充実した1日……134

ブッダの言葉059 悲しむなかれ……136
ブッダの言葉060 死ねば失われる……138
ブッダの言葉061 老いと死の消滅……140

第5章 幸福とは何か

ブッダの言葉062 尊敬に値する人とともにあれ……144
ブッダの言葉063 善き指導者……146
ブッダの言葉064 賢者とは誰か……148
ブッダの言葉065 自己を慎む……150
ブッダの言葉066 慈悲深い人生……152
ブッダの言葉067 人生という激流……154
ブッダの言葉068 在家の幸福……156
ブッダの言葉069 真の友に出会う……158
ブッダの言葉070 執着のない自由……160
ブッダの言葉071 幸せの条件……162
ブッダの言葉072 真実の明かりを求めよ……164
ブッダの言葉073 悪を為さず、善を為せ……166

ブッダの言葉 074 恨みを抱かない心 …… 168
ブッダの言葉 075 勝ち負けにこだわるな …… 170
ブッダの言葉 076 幸福は自分の努力次第 …… 172
ブッダの言葉 077 あらゆることを制御する …… 174
ブッダの言葉 078 聖者の安楽 …… 176

第6章 真理の道へ

ブッダの言葉 079 仏の生きる道 …… 180
ブッダの言葉 080 永遠の真理 …… 182
ブッダの言葉 081 八正道と四聖諦 …… 184
ブッダの言葉 082 輪廻を決めるのは自分の行い …… 186
ブッダの言葉 083 善を為そうとする煩悩 …… 188
ブッダの言葉 084 真理の言葉 …… 190
ブッダの言葉 085 賢者の理法 …… 192
ブッダの言葉 086 出家の目的 …… 194
ブッダの言葉 087 諸行無常 …… 196
ブッダの言葉 088 一切皆苦 …… 198

ブッダの言葉 089 諸法無我 …… 200
ブッダの言葉 090 苦を生む力を見定める …… 202
ブッダの言葉 091 バラモンとは誰か …… 204
ブッダの言葉 092 「生まれ」よりもいかに生きるか …… 206
ブッダの言葉 093 人間は平等である …… 208
ブッダの言葉 094 正しく生きる …… 210
ブッダの言葉 095 古いものと新しいもの …… 212
ブッダの言葉 096 5種の欲望とその対象 …… 214
ブッダの言葉 097 無明 …… 216
ブッダの言葉 098 涅槃 …… 218
ブッダの言葉 099 ただ独り歩め …… 220
ブッダの言葉 100 最期の教え …… 222

※本書は現存する原始仏典のうち、『ダンマパダ』『スッタニパータ』『サンユッタ・ニカーヤ』『大パリニッバーナ経』から「ブッダの言葉」を厳選し新たに訳出しています。通し番号は岩波文庫版（巻末・主要参考文献を参照）を参考に統一しています。

カバーデザイン：妹尾善史（landfish）
本文DTP：オフィスアント

第1章 自己を鍛える

001 自分自身に勝つ

戦場において
100万人に勝ったとしても、
ただ1つの自分自身に勝つことの
できる者こそが、最高の勝者である。

——『ダンマパダ』103

ブッダは、苦悩に満ちた世界の中にありながらも心を平安に保ち、安穏な人生を歩んでいくにはどうしたらいいかと考え、その根本は自分の心にあるという答えにたどり着く。そして、心の中のさまざまな悪い要素を断ち切ることこそ、真の幸福を手に入れる唯一の道であり、その道を行く者が最高の勝者なのだと言う。この世の苦しみを消すには、自分の心のあり方、ものの見方を変えるしかない。

アショーカ王柱。インド、サールナート考古学博物館蔵

自己の目的を理解せよ

他者の目的がどれほど
大きなものであったとしても、
自己の目的を見失ってはならない。
自己の目的をしっかり理解して、
自分の目指すところに邁進《まいしん》せよ。

――『ダンマパダ』166

カンボジアのプリヤ・カーン遺跡の仏像。フランス、ギメ東洋美術館蔵

何よりも自己の修錬を重要視するブッダの教えでは、自己こそがあらゆる苦悩の源泉であり、同時にその苦悩を消すための土台でもある。自己中心の世界観からいかに脱するか。この難題を解決するには、常に自己を観察し続けねばならない。他者のあり方にばかり気をつかっていると、自己観察の目が曇ってくる。真に意味のあることを成し遂げるためには、頑固なまでに自己の目的を追求することが必要だ。他者との優劣は、副次的な結果である。

ブッダの言葉 003 他人の間違いより自分の行い

他人の間違いに目を向けるな。
他人がしたこと、
しなかったことに目を向けるな。
ただ、自分がやったこと、
やらなかったことだけを見つめよ。

――『ダンマパダ』50

原始仏典の1つ『ダンマパダ』の1句。ブッダの教えは、外部の神秘力に頼ることなく、自分の力で道を切り拓《ひら》くという、自己鍛錬・自己実現を目指している。すべてが自己の内部で完結するのであるから、他人と比較することには意味がない。むしろ他人との比較は、心を意味もなく動揺させるという点で害になる。他人を気にせず、自分の行動をしっかり見極め、それを基点として自分を高めていくことが大事なのである。

アユタヤ期の仏像。タイ、バンコク国立博物館蔵

ブッダの言葉 004

他人のあら探しはやめよ

他人の過失はすぐ目につくが、
自分の過失は見えにくい。
人は、他人の過失を、
まるで籾殻《もみがら》のように吹き飛ばすが、
自分の過失は覆い隠してしまう。
それはちょうど、たちの悪いいかさま賭博師が、
都合の悪いサイコロの目を隠してしまうようなものだ。

――『ダンマパダ』252

アジャンター石窟寺院の涅槃仏（顔部分）。インド

人の本質を端的に表す句である。「他人の過失を探し回り、心に不満を抱えている人には、煩悩が増大する。その人は煩悩の消去からほど遠いところにいる」と後に続く。人のあら探しに夢中になって、それを見つけては怒り、また一層あら探しに奔走する。そのくせ自分の過ちは丸ごと覆い隠して見ようともしない。このようなインチキバクチの賭博師のような暮らしをしていて、心の安穏など実現できるはずがない。

005 自分を救えるのは自分

自分を救えるのは、自分自身である。
他の誰が救ってくれようか。
自分を正しく制御して初めて、
人は得難い救済者を手に入れるのだ。

――『ダンマパダ』160

パキスタンの仏坐像。イギリス、フィッツウィリアム美術館蔵

当時のインド社会は、バラモン教の教えが支配的だった。この世は超越的な存在（ブラフマン＝梵《ぼん》）のうえに成り立ち、自己（アートマン＝我《が》）が幸せになるには、ブラフマンとの一体化を目指せというバラモン教の「梵《ぼん》我《が》一如《いちにょ》」の考えをブッダは否定し、自分だけを拠《よ》り所にせよとした。外部に拠り所を求めず苦しみを解決するためには、苦悩のメカニズムを理解し、実践により自分を変えなければならない。そのための修行なのだ。

学ぶことの少ない者は、
牛のように老いていく。
肉ばかり増えて、智慧《ちえ》は増えない。

——『ダンマパダ』152

ヒマラヤ山脈の南麓にあったカピラヴァットゥという国の王子として生まれたブッダは、29歳のときに家も地位も捨て出家する。そのきっかけとなったのは、ある日、遠出をした馬車の中から、道端を歩くよぼよぼの老人を見て自分も同じように老いることを知ったときの衝撃だった。

誰もが避けることができない老いという運命とどう向き合うか。

真剣に考えようとしない愚者をブッダは痛烈な言葉で表現した。

ブッダ生誕地カピラヴァットゥとされるティラウラコット。ネパール

善からぬことや、自分のために
ならないことを行うのは簡単である。
一方、善いことやためになることを
するのは本当に難しい。

――『ダンマパダ』163

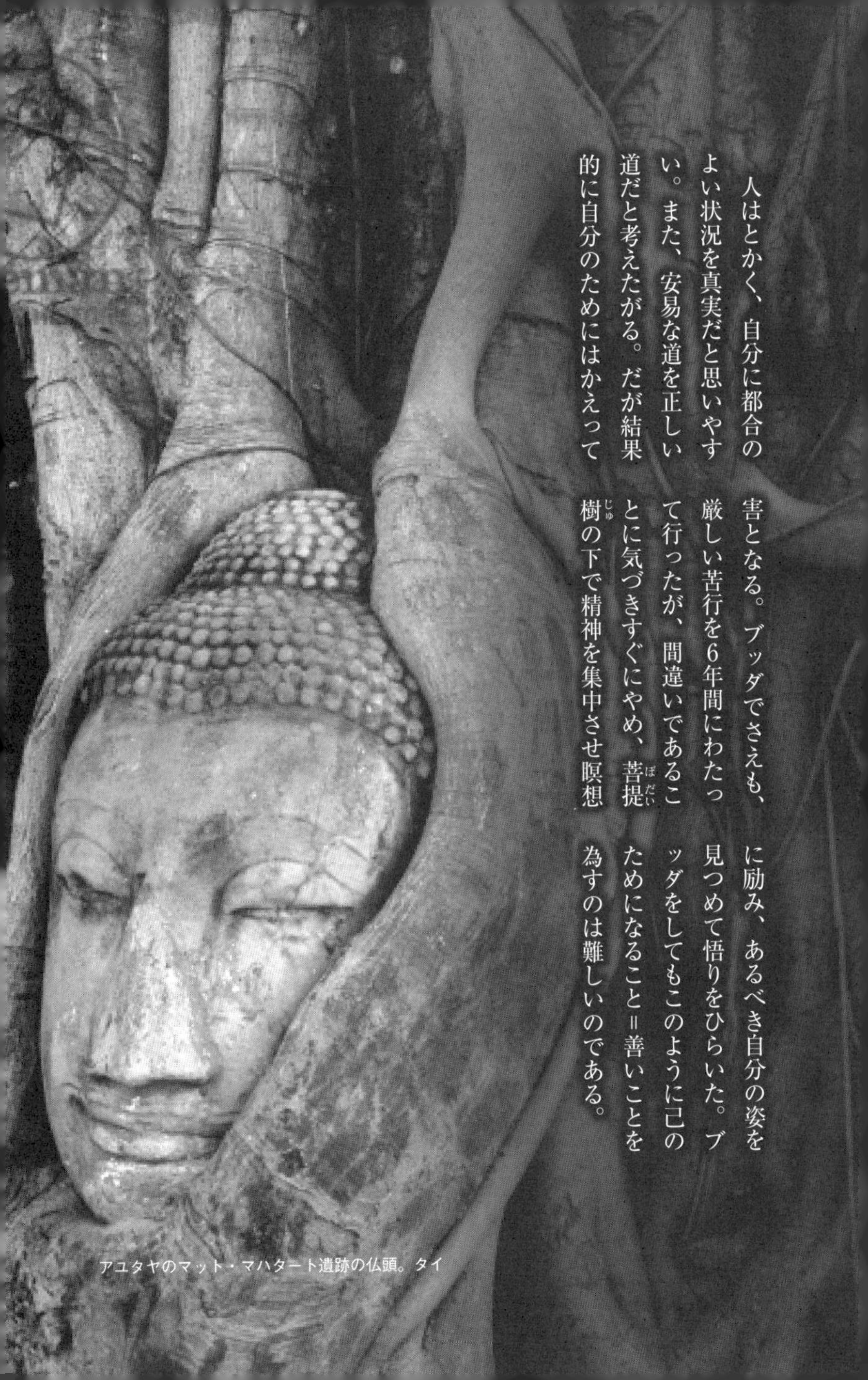

人はとかく、自分に都合のよい状況を真実だと思いやすい。また、安易な道を正しい道だと考えたがる。だが結果的に自分のためにはかえって害となる。ブッダでさえも、厳しい苦行を6年間にわたって行ったが、間違いであることに気づきすぐにやめ、菩《ぼ》提《だい》樹《じゅ》の下で精神を集中させ瞑想に励み、あるべき自分の姿を見つめて悟りをひらいた。ブッダをしてもこのように己のためになること＝善いことを為すのは難しいのである。

アユタヤのマット・マハタート遺跡の仏頭。タイ

自分の愚かさを知る

愚かな者が、
自分を愚かであると自覚するなら、
彼はそのことによって賢者となる。
愚かな者が自分を賢いと考えるなら、
そういう者こそが愚か者と言われる。

——『ダンマパダ』63

ブッダは煩悩の親玉である「無明《むみょう》＝愚かさ」こそが苦しみの根源だと考えた。愚かさとは単に知識や学がないといった表層的なものではなく、ものごとを正しく、客観的に考える力が欠如しているという、本質的な不合理性のことである。自分の愚かさに気づいた人が賢者となるというのは、古代ギリシャの哲学者ソクラテスの「無知の知」と通じる。自己の愚かさを自覚することから、真の自己を知る道は始まるのである。

マトゥラーの仏立像。インド、マトゥラー考古学博物館蔵

まずは初めに自分自身を
正しく整えよ。
その後で、他者を教えさとせ。
そうすれば賢者は、
汚れに染まることがない。

——『ダンマパダ』158

インド出土の仏伝浮彫。アメリカ、クリーブランド美術館蔵

しばしば仏教は利他主義だと言われるが、まずもって肝心なのは自己救済である。自分の行動をよく制御し、自己鍛錬に努める。すべてはそこからしか始まらない。しかし、利己主義で突き進めというのではない。その修行の結果、得られた貴重な体験を今度は同じ道を歩む同輩・後輩たちに懇切に説き示すのだ。自己努力し、結果を後進に伝達する。ここにはブッダがきわめてすぐれた教育者であったことを示す一面が表れている。

ブッダの言葉 010 すべては自分の心がけ次第

みずから悪を為せば、
みずからを汚《けが》すことになる。
みずから悪を為さなければ、
みずからを浄《きよ》めることになる。
きれいとか汚いというものは、
各自のことがらである。
人が他人を浄めることはできない。

——『ダンマパダ』165

東インドの触地印仏坐像。龍谷大学 龍谷ミュージアム蔵

ブッダは、人が悪に汚れて不幸になるのも、悪を退け幸福になるのも、すべては自分の心次第、自分が決めていくものだと考えた。

人は自分の意思で行ったことの結果から、決して逃げることができない。まして、他の誰かに責任転嫁することもできないのだ。

逆に言えば、自分自身を浄化できるのも自分だけであって、他の人には任せられない。

自己を向上させることができるのは、本人の努力だけなのである。

ブッダの言葉 011

蛇が脱皮するように自己を変える

急流となって流れていた渇愛《かつあい》を
徹底的に涸《か》らし尽くした比丘《びく》（修行者）は、
まるで蛇が、古くなった昔の皮を
脱皮して捨て去るように、
この世とかの世の両方を捨て去る。

――『スッタニパータ』第1−3

今日、ブッダ直伝の言葉は確認されていないが、後年になって弟子たちが編纂《へんさん》したものがいくつか残されている。

その中でもブッダの教えを色濃く残すのが、古代インドのパーリ語で書かれた仏典（ニカーヤ）で、特に『スッタニパータ』は数ある原始仏典の中でもっとも古い。5つの章からなり、この言葉は第1の蛇の章からの引用である。

仏教が、自己変革を目的とする宗教であることがよく表されている。

カンボジアの仏坐像。アメリカ、個人蔵　©www.bridgemanimages.com/amanaimages

自己を正しく制御すること

自分で自分を叱咤《しった》せよ。
自分で自分を制御せよ。
比丘(修行者)よ、自己を護《まも》り、
正しい思いを持ち続けるならば、
お前は安楽に過ごすことができるであろう。

——『ダンマパダ』379

アユタヤのマット・マハタート遺跡の仏坐像。タイ

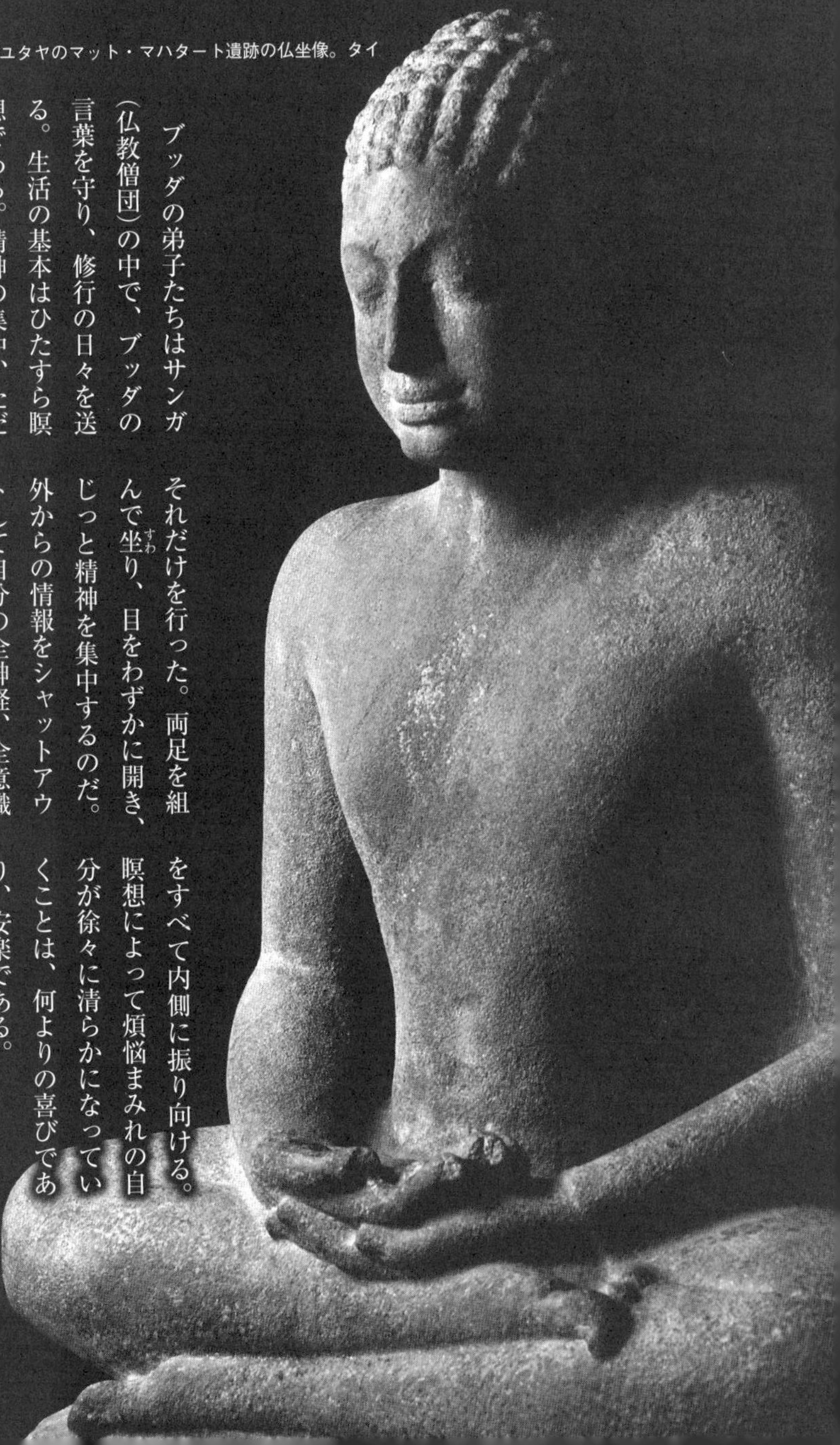

ブッダの弟子たちはサンガ(仏教僧団)の中で、ブッダの言葉を守り、修行の日々を送る。生活の基本はひたすら瞑想である。精神の集中、ただそれだけを行った。両足を組んで坐《すわ》り、目をわずかに開き、じっと精神を集中するのだ。外からの情報をシャットアウトして自分の全神経、全意識をすべて内側に振り向ける。瞑想によって煩悩まみれの自分が徐々に清らかになっていくことは、何よりの喜びであり、安楽である。

実践しない怠け者

ためになることを
いくらたくさん語っていても、
それを実践しなければ怠け者である。
それはたとえば牛飼いが
他人の牛の数を勘定しているようなものだ。
そういう者は修行者とは言えない。

——『ダンマパダ』19

ガンダーラの仏伝浮彫「マーラの誘惑・降魔成道・初転法輪」。龍谷大学 龍谷ミュージアム蔵

この後「ためになることを、口先ではあまり語らなくても、法に従って実践し、貪欲と憎しみと愚かさを捨て、正しく気をつけていて、心が解脱し、執着することがない人は、今世《こんぜ》でも来世でも、修行者と言うことができる」と続く。修行とは、この世のあり方を正しく観察する智慧を身につけ、自分自身を最良の状態へと向上させていくことである。

修行のためのノウハウをいくら知っていても、自分で実践しなければ何の意味もない。

ブッダの言葉 014

美しく、色あでやかに咲いていても、
香りのない花があるように、
善く説かれた言葉であっても、
それを実践しない人には
なんの果報もない。

──『ダンマパダ』51

『ダンマパダ』の第4章は、花にちなんだ16の詩が集められている。

ここでの「花」は、善く説かれたブッダの教えを意味している。どれほど素晴らしいブッダの言葉を知っていても、それを我が身で実践しなければなんの実りも得られない。

ブッダの教えは単なる教養ではない。実践のためのマニュアルである。それにそって実践したとき、初めてその真の意味が実現されるのである。

スコータイ歴史公園の蓮。タイ

人は生まれたとき、
口の中に斧《おの》が現れてくる。
愚か者は、悪しき言葉を口にして、
その斧で自分自身を
切り裂くのである。

――『スッタニパータ』第3―657

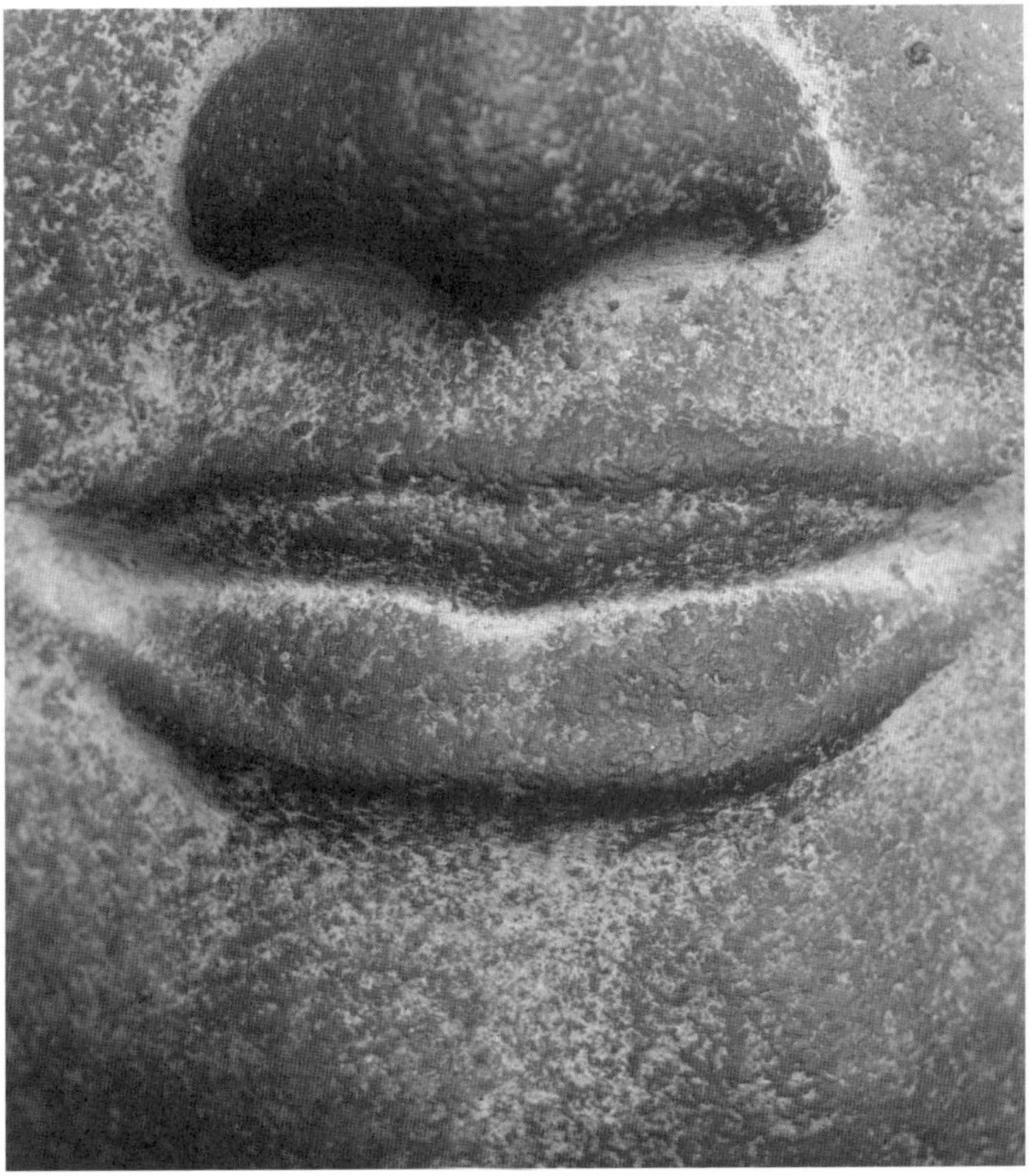

インドの仏像の口。フランス、個人蔵　©www.bridgemanimages.com/amanaimages

みずからの言葉がみずからを苦しめることを説いた1句である。ブッダの教えの中でも3種の行いである身《しん》・口《く》・意《い》の三行のうち、「言葉」に関わるものは多い。言葉は使い方1つで自分のまわりの環境を善くもすれば、悪くもする。

不妄語《ふもうご》（嘘をつかない）、不離間語《ふりけんご》（関係を引き裂くような言葉を使わない）、不悪口《ふあっく》（悪口を言わない）、不綺語《ふきご》（飾り立てた調子のよい世辞を使わない）という4種の語り方を心がけるべきである。

言葉によって負の連鎖を断ち切る

自分を苦しめず、
他者を傷つけることもない、
そんな言葉だけを語れ。
それこそが「正しく語られた言葉」と
いうものである。

——『スッタニパータ』第3―451

人は自分の欲望に固執すると、しばしば他者を傷つけてまでそれを達成しようとする。しかもその欲望は決して尽きることがない。満たされることのない欲望の連鎖はまさしく、苦悩の源泉である。

また、傷つけられた相手はいつまでもそれを忘れず、恨みと憎しみにとらわれ、争いを引き起こす。言葉は恐ろしい凶器である。このような欲望の連鎖、怒りや恨みの連鎖を引き起こさない言葉こそが、「正しく語られた言葉」である。

アショーカ王碑文。インド、ニューデリー国立博物館蔵

慢心を捨て、心をしっかり統一し、気高い心で、
あらゆることがらについて解脱している
誠実な者ならば、ただ一人、
ひとけのないところで暮らすことにより、
死の領域を超越して
彼岸に渡ることができるであろう。

――『サンユッタ・ニカーヤ』第Ⅰ篇第1章9

悟り以前にブッダが修行をした前正覚山。インド

この1句は、ある神との対話におけるブッダの見解である。

その神が、「高慢で自己を正しく制御できない人は、いくら一人きりで修行に励んでも、悟ることができない」と言ったのに対し、ブッダはそれを認めたうえで次のように答えた、「だからこそ慢心を捨て、なにものにも執着しない姿勢で修行すれば、必ず悟ることができる」と。

自己を向上させようと願う者にとって、慢心こそが一番の敵である。

自分自身を拠り所として生きよ

自分自身を島とし、
自分自身を拠り所として生きよ。
それ以外のものを拠り所にしてはならない。
ブッダの教え（法）を島とし、
ブッダの教えを拠り所として生きよ。
それ以外のものを拠り所にしてはならない。

――『大パリニッバーナ経』第2－26

ガンダーラ出土の仏伝浮彫「涅槃」。イギリス、V＆A美術館蔵

ブッダの最後の説法を記した『大パリニッバーナ経』のうち、もっとも有名な教えである。齢《よわい》80を迎えたブッダは、弟子のアーナンダを連れて最後の旅に出た折に大病を患い、みずからの死期を悟り、自分がいなくなった後の心構えを語った。自分自身の努力と、ブッダの教えの2つだけを拠り所にして生きてゆけと言う。仏教という宗教が祈ったり願ったりするのではなく、自らの力で向上していくのを目指すことが明確に示される。

ガンダーラの仏坐像。龍谷大学 龍谷ミュージアム蔵

第2章 心への配慮

ものごとは心に導かれ、
心に仕え、心によって作り出される。
もし人が、清らかな心で話し、
行動するなら、その人には楽が付き従う。
あたかも身体から
離れることのない影のように。

――『ダンマパダ』2

バッティカロアの牛車。スリランカ。joyfull / Shutterstock.com

423の詩句からなる『ダンマパダ』の第2句である。第1句の「もしも汚れた心で話し、行動するなら、その人には苦しみが付き従う。あたかも車をひく牛の足跡に車輪が付き従っていくように」と対をなしている。

私たちが感じる苦しみの多くは、自分の心の中の劣悪さが原因になっている。苦しみを安楽に変える唯一の道は、自分の心を清らかにすることだと、ブッダは『ダンマパダ』の最初で宣言している。

わがままな心

心は、とらえ難く、軽薄で、わがまま放題である。
その心を制御することは善いことだ。
制御された心は、安楽をもたらす。
心は見通すことがとても難しく、
極めて微妙で、わがまま放題である。
賢い人は心を防御しなければならない。
防御された心は、安楽をもたらす。

――『ダンマパダ』35－36

サールナートの仏坐像。インド、サールナート考古学博物館蔵

ブッダの教えによれば、この世の苦しみの原因は自分自身の心である。心は、外界から流入する刺激や情報に翻弄されて、あちこちフラフラとさまよい歩き、その結果として煩悩が生まれ、それが私たちに苦しみを与えるのである。

したがって、心の中にある煩悩を完全に断ち切り、心を守ることで、真の安楽へと至ることができる。これこそが、私たちが間違いのない幸福を手に入れるための唯一の道である。

心を堅固にせよ

この身体を瓶《かめ》のようにもろいものと知り、
この心を都市のように
堅固なものとして打ち立て、
智慧という武器で悪魔と戦え。
そして勝ち取ったものは、
それに執着することなく護っていけ。

――『ダンマパダ』40

ガンダーラの仏伝浮彫「降魔成道」。個人蔵

ここでいう「心」とは本来「動揺し、揺れ動き、防御が困難で、制御困難なもの」（『ダンマパダ』33）で、それを堅固なものにせよという。「智慧」とは知識や教養のことではなく、ものごとの本質を正しく見通す力という意味。堅固な心をもち、智慧を武器にすれば、われわれを堕落させようと忍び寄る悪魔にも打ち勝ち、心は安楽となる。

しかし、その安楽の境地にさえ固執せず、ひたすら自由自在の姿勢で歩み続けよとブッダは言う。

善は急げ。心を悪から遠ざけよ。
徳を積むのにのろのろしていたら、
心は悪事に惹《ひ》かれてしまう。

——『ダンマパダ』116

カーピシーの仏伝浮彫「涅槃」。龍谷大学 龍谷ミュージアム蔵

死の間際、ブッダは弟子たちに37種類の修行方法である「三十七菩提分法《ぼだいぶんぽう》」をよく実践せよ、と語った。その中に「四正勤《ししょうごん》」というものがある。まだ生じていない悪が生じてこないように努力する「律儀断」、すでに生じた悪を断とうと努力する「断断」、まだ生じていない善が生じるように努力する「随護断」、すでに生じた善が増大するように努力する「修断」である。悪い方へと流れやすい自己の心を制御し、着実に徳を積んでいかねばならない。

貪欲と結びついていて、
そのため一見清らかに見えるような
ものごとのうわべの姿に近づくな。
汚いものに対する、
鋭くそして集中した心を鍛錬せよ。

――『スッタニパータ』第2－341

私たちは、欲望のせいで、ものごとの実際の姿を見誤っている。すべてを自分の欲望に都合のよいように解釈してしまうからである。このざわついた心を鎮めるためには、欲望から離れて事物のありのままの姿を見定めようと努力することが重要である。

そして、心の統一、つまり精神集中こそが、そのための最も効果的な方法となる。自己の欲望の誤りを、自分の心の目で見つめ、断ち切っていくのである。

アジャンター石窟寺院の仏伝浮彫。インド

人は他者を欺いてはならない。
どんなところであれ、
誰に対してであれ、
軽蔑の気持ちを起こしてはならない。
憎しみや敵意から、相手が苦しむことを
願ったりしてはならない。

——『スッタニパータ』第1-148

バンコクにある大理石寺院の仏を礼拝する僧侶。タイ

ブッダの教えを伝える原始仏典の中でも最古のもので、もっともブッダの言葉を色濃く残す『スッタニパータ』に収められた「慈しみの経」といわれる1節で説かれた教えの1つ。

他者を欺き、軽んじるなら、それが原因となって多くの苦悩や怒り恨みが生み出される。

苦悩の多くはみずからの行為が生み出すものであり、みずからの心の内にはびこる。これを抑止できるのは、あくまでもみずからの心がけだけである。

母が子を愛するように

母が、自分のたった一人の息子を
命懸けで守るように、
人はあらゆる生き物に対する
無量の慈しみの心を
鍛錬していかねばならない。

――『スッタニパータ』第1―149

ネパールの親子。Pal Teravagimov / Shutterstock.com

ブッダが説く慈悲とは、母親が子どもにかけるのと同じ愛情をもって、あらゆる生き物に対して接することである。母の愛情こそ、もっとも理想的な情愛のあり方なのである。慈愛の心はなにも特別な修錬を必要とするものではない。あくまでも人々の生活の中で生かされ、心がけるべき教えである。南アジアでは多くの人々が日常的に、この「慈しみの経」を唱える。それがこれらの国々の国民性にも強い影響を与えている。

他者から言葉で非難されたなら、
十分に気をつけて、そのことを喜べ。
同じ修行をしている
仲間たちに対する鈍感さをなくせ。
しゃべるときは、立派で場にかなった言葉を語れ。
世間話に関わるようなことに
心を向けてはならない。

――『スッタニパータ』第4-973

『スッタニパータ』に限らず、多くの原始仏典の中で、ブッダは言葉に関して深く慎みをもつよう説いている。ここでも他者の言葉を自己中心的に理解するのではなく、落ち着いた心でもって受け入れることを語っている。もし、他人からの警告を素直に受け取ることなく、敵意をもって言い返せば、それは相手の心にも同じような悪意を生み、それがまた自分に戻ってくるだろう。こうした負の連鎖を断つことをここでは教えている。

ガンダーラの仏坐像。龍谷大学 龍谷ミュージアム蔵

聖者はこの世の中で、束縛を捨て去り、
争いが起こっても党派に参入することがない。
心が静まっていない人たちの中にあっても
独り心が静まり、一方に偏ることなく、
他の者たちが執着していても、
執着することがない。

——『スッタニパータ』第4―912

ブッダの教えでは、修行者は出家してサンガと呼ばれる修行集団に入り、執着から離れるために努め励むことを勧めている。

しかし他方、なんらかの党派に与《くみ》すること、すなわち徒党を組んで数の力で活動することは諫《いさ》めている。

個々の修行者はあくまでも独立性を保ち、己を鍛錬することによってしか、平安を保つことができないと説く。

ブッダガヤの仏僧たち。インド

言葉によっても、心によっても、
そして行為によっても
不合理なことをせず、
正しく法を知って
涅槃《ねはん》の境地を求める者こそが、
この世界を正しく修行遍歴するのである。

——『スッタニパータ』第2-365

©手塚プロダクション

身・口・意の3種の行為を正しく行うなら、自《おの》ずと人はなにものにも執着を起こすことがなくなる。そのことを「この世界を正しく修行遍歴する」と言っているのである。

「身」に関しては殺生や盗みなど、欲望に惑わされた行為をしないこと。「口」に関しては嘘や悪口など「言葉」に関わる悪行を慎むこと。「意」に関してはこの世の真のあり方を正しく知り、邪念にとらわれない思いをもち続けるのである。

自己を愛する者

心によってあらゆる方向を探し求めても、
自分より愛《いと》しい者はどこにも見つからなかった。
他の人たちにしても同じである。
みなそれぞれに自分が愛しいのだ。
だからこそ、自己を愛する人は、
他者を害してはならない。

——『サンユッタ・ニカーヤ』第Ⅲ篇第1章−8

ハッダの仏立像。龍谷大学 龍谷ミュージアム蔵

ブッダの教えでは、みずからを救うのはあくまでも自分であり、自己の幸福を実現するために自分で努力せよと説く。それは一見すると、自己中心的な教えのように見えるが、そうではない。自分を大切に思う気持ちが、そのまま他者への思いやりになるのである。もし人が自己をきちんと見定め大切にすることができるなら、同じ気持ちが他者に対しても生じる。

自分と他者を同等に重んずることの重要性は仏典の随所で説かれている。

サールナートの仏僧。インド

第3章 執着と煩悩

欲望とは「味わいのない楽しみ」である

たとえお金が雨となって
降り注いできたとしても、
欲望は満足することがない。
賢い人は、「欲望とは、
味わいのない楽しみだ」と知る。

――『ダンマパダ』186

金持ちになりたい、美しくなりたい、美味《おい》しい物を食べたい、など人間の欲望はさまざまであるが、みな際限のないむさぼりである。とても欲しかったものが手に入ったとしても、手に入ったとたんに次のものが欲しくなる。現代日本も戦後の復興から高度成長を経て大規模な開発を進めてきた。物質的な豊かさばかり目指したその果ての慢心に、深刻な環境破壊や経済格差・貧困問題があるとすれば、まさしく「欲望とは、味わいのない楽しみ」である。

シギリヤロックの壁画「シギリヤレディ」。スリランカ

愚かな人は、
「私には息子がいる」「私には財産がある」
などと言ってそれで思い悩むが、
自分自身がそもそも自分のものではない。
ましてやどうして、息子が自分のものであろうか。
財産が自分のものであったりしようか。

――『ダンマパダ』62

子を持つ親はみな、我が子は自分の一部だという気持ちがあるが、その情愛が増幅されると執着になってしまう。そこから、子の人生を自分の思い通りにしたいという欲求も生まれ、思い通りにいかないと苦しくなる。子や財産に執着することで、苦悩の連鎖がどんどん膨らんでいくのだ。ブッダは、子や財産どころか自分自身さえも自分の所有物ではないという。いくら自分というものに執着しても、しょせんそれは錯覚にすぎない。

カトマンズーの仏伝浮彫「釈迦誕生」。ネパール、ネパール国立博物館蔵

愛慕の情から憂いが生じ、
愛慕の情から恐れが生じる。
愛慕の情を離れた者には憂いがない。
ましてや恐れなどどこにもあり得ない。
快楽から憂いが生じ、快楽から恐れが生じる。
快楽から離れた者には憂いがない。
ましてや恐れなどどこにもあり得ない。

――『ダンマパダ』213―214

ガンダーラの法輪礼拝図浮彫。龍谷大学 龍谷ミュージアム蔵

人の苦しみにはすべて原因があるという言葉である。ブッダはこの世の森羅万象の背後には、因果の法則が作用していると考えた。あらゆる出来事は必ずなんらかの原因によって起こり、すべてが原因と結果の関係でつながっている。

そしてわれわれが受ける苦しみの原因は、われわれ自身の心にある愛慕や快楽などの煩悩なのである。苦しみの原因が理解できたとき初めて、その苦しみを消すための方法も見えてくるのである。

恥を知らず、厚顔無恥で、
図々しく、自惚れて、
傲慢で、汚れた生活を
送ることは簡単である。
一方、恥を知り、いつも清らかさを求め、
執着せず、謙虚で、清らかな暮らし方で、
見識ある生活を送ることは難しい。

——『ダンマパダ』244—245

マトゥラーの仏伝浮彫。インド、ニューデリー国立博物館蔵

あたかも現代を批評したかのような1句である。自己主張と他人への批判が評価され、口数多く図々しい人ほど易々《やすやす》と世を渡っていく。誠実で謙虚な人は、「消極的」などというレッテルを貼られて、かえって苦労する。

しかし世俗の見方でみずからの人生の方向を決めてはならない。

安楽で充実した人生を完遂したいと願うなら、世俗の価値観から離れて、清らかな理想を基点として生きていくべきである。

悪魔の誘惑

「この世のものは不浄だ」と
観察しながら暮らし、
感覚器官を正しく防御し、
食事の節度を知り、
信頼の心をもって努力し続ける者は、
風が吹いても岩山がびくともしないように、
悪魔が来ても動揺することがない。

――『ダンマパダ』8

ブッダはこの世を不浄のものととらえて生きれば、悪魔の誘惑にも打ち勝てると考えた。対になる第7句には、「『この世のものは浄らかだ』と観察しながら暮らし、感覚器官を防御せず、食事の節度を知らず、怠けて勤めない者は、悪魔が来ると動揺する」、とある。悪魔は古代インド語でマーラといい、人が悟るのを妨害する悪役。世俗のものごとに惹かれ、節度を忘れてむさぼる人には、悪魔が忍び寄ってくるという教えである。

ミャンマーの仏伝浮彫。イギリス、大英博物館蔵

素っ裸で暮らすのも、まげに結うのも、
泥だらけになるのも、
断食も野宿も、塵《ちり》を塗りつけるのも、
じっとうずくまったままでいるのも、
疑念を超えていない人を浄めることはない。

——『ダンマパダ』141

ここに挙げられているのは、当時のインドで実際に行われていたさまざまな苦行である。ジャイナ教などではなにものも所有しないという戒律を徹底させるため、全裸で修行した。髪をまげにしていたのはバラモン教の苦行者である。出家したブッダは、森の中に入り苦行を始める。伝説では食を断つ、息を止めるなど肉体を酷使する行為を6年間続けたという。しかしその結果、修行の本質は苦行ではなく、徹底した精神の集中にあると悟った。

ガンダーラの仏坐像。パキスタン、ラホール博物館蔵

036 恐怖にかられた人々

恐怖にかられた人々は、山に、林に、
園地に樹木に霊域にと、
さまざまな場所に救いを求めようとする。
しかしそれは安穏な救済所ではない。
それは最上の救済所ではない。
そのような救済所へ来たところで、
すべての苦しみから逃れることはできないのだ。

——『ダンマパダ』188－189

前正覚山留影窟の釈迦苦行像。インド

世界の多くの宗教が、超越者や不思議なパワーを信じ、それを拠り所とした生き方を示している。

そういう意味ではブッダの教えは宗教の枠に入らないかもしれない。その最大の特徴は、自己鍛錬システムである。

神秘的な力を信じず、生きていくうえでの苦悩をあくまで自分の問題と考えること。そして、自己改良の中に解決策を求める。

外的な神秘に頼らないというブッダの考えを的確に表現した1句である。

煩悩の親玉

物惜しみは恵む者の汚れ。
悪行は過去・現在・未来の
いかなる生まれにおいても汚れである。
その汚れよりも、
一層汚れた汚れの極み、それが無明だ。
比丘たちよ、その(無明という)汚れを捨て去って、
汚れのない者となれ。

――『ダンマパダ』242―243

エローラ石窟群の仏像。インド

煩悩には貪欲、憎しみ、傲慢など、さまざまなものがある。しばしば煩悩は108あると言われるが、数え方によってはもっと多くなることもある。この煩悩のせいで私たちは間違った行いをし、それが巨大な苦しみとなって襲いかかってくるのだ。

そういった煩悩の中でも一番のおおもとが無明（ものごとを自己中心に見る誤った世界観）である。無明を消すことが、煩悩を断ち切るための一番大切な条件である。

怒りを捨てよ。慢心を放り出せ。
あらゆる束縛を超越せよ。
名称と形態（＝すべての存在）に
執着せず、無一物でいる者は、
苦悩に攻められることがない。

——『ダンマパダ』221

托鉢の僧。タイ

仏教の修行者は、下着、普段着、上着の3枚の衣と托鉢《たくはつ》用の1個の鉢だけが自分の財産である。他に座布団や水を濾《こ》すためのフィルターなど、細かな日用品の所有は許されたが、どれもほとんど価値のないものばかりである。このような無一物の生活を覚悟しているからこそ、物への執着がなくなり、闘争心や憎しみや傲慢な心を離れることができる。心の平安は、物を捨てるときに訪れるということをブッダは十分理解していたのである。

他人に食べ物を乞うからといって、
それだけで托鉢の修行者になるわけではない。
一般人と同じあり方で生きている限り、
托鉢の修行者ではない。
世俗の福徳も悪も捨て去って、
正しい修行を行いながら、
思慮深くこの世で暮らしていくなら、
その者こそが托鉢の修行者と呼ばれるのである。

――『ダンマパダ』266―267

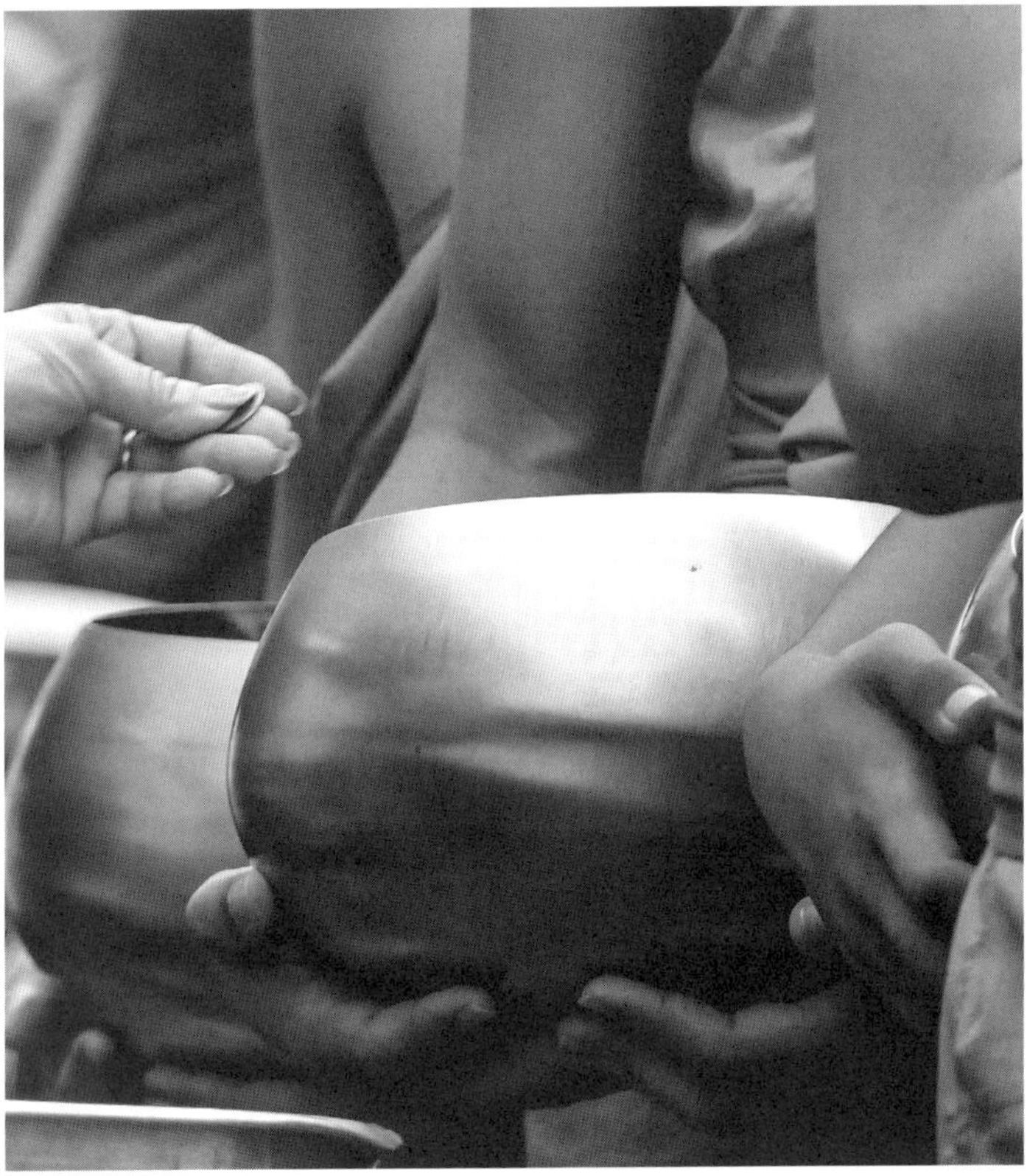

ノーンカイの托鉢の様子。タイ。Thanet Phanalikool / Shutterstock.com

ブッダは弟子たちにも出家という道を勧め、サンガという修行のための組織を作り、修行に集中するため、一切の生産活動を禁じた。食べ物は鉢を持って村や町を回り、余り物を分けてもらうことで手に入れる。托鉢である。人から物をもらうためには、それにふさわしい立派な姿で暮らさねばならない。社会に依存して自由に生きるためには、相応の清らかな生活が絶対条件となる。これは現代社会のさまざまな局面にも適用できる原理である。

わがまま放題に行動する人には、
愛執が、まるで
つる草のようにはびこっていく。
そのような人は、森の中の猿が
木の実を求めて渡り歩いていくように、
この世からあの世へと渡り歩くことになる。

――『ダンマパダ』334

パキスタンの仏伝浮彫「釈迦誕生」。フランス、ギメ東洋美術館蔵

仏教では、愛とは美しいものではなく、色欲や所有欲などを表すことが多い。たとえ無償のものとされる母子の愛であっても、執着が生まれればそれは苦しみの種となる。

また、男女の愛でも、相手の幸せを願うのならいいが、自分の方へ振り向かせたいとか、他の人に向かないようにしたいという所有欲としての愛は煩悩である。

愛着にとらわれて、無節操な行為を繰り返す人は、いつまでたっても苦悩から解放されることがない。

「これは自分のものだ」と執着して
あわてふためいている者たちを見よ。
まるでそれは、ほとんど水のない
干上がりそうな流れの中にいる魚たちのようだ。
これを見たなら、諸々《もろもろ》の存在に対する
執着を起こすことなく、所有欲を離れて生きよ。

――『スッタニパータ』第3―777

バラナシーのガンジス川の沐浴。インド。neelsky / Shutterstock.com

何かを欲し手に入れれば、いつまでも所有物として独占したくなる。そこに生まれた執着は、せっかく手に入れたものがいつか失われるのではないかという不安となる。この人間のあり様を、ここでは干上がりそうな川にいる魚に喩《たと》えている。欲望は足ることを知らず、限りなく利得を求めるが、それはたちまちにして失われるはかないものだ。その不安がわれわれを苦しめるのである。「わがもの」という思いから離れ、執着を捨てよ、と説いている。

042 身から出たさび

鉄から出たさびが、
自分の出てきた鉄自体を
浸食していくように、
罪深い人から出た行為は、
その人自身を悪い所へと連れて行く。

――『ダンマパダ』240

ワット・シェンクアン（ブッダ・パーク）の「地獄」の様子。ラオス

まさに「身から出たさび」である。自分の行いの結果がそのまま自分に帰ってくることを説いた1句。「悪い所」とは、輪廻《りんね》の世界を構成する「天」「人」「畜生」「餓鬼」「地獄」という5つの領域のうち、地獄を指す。この世で悪を為した愚か者は来世で地獄に堕《お》ち、数々の責め苦を受ける。

ただし仏教がいう地獄の苦しみは永遠のものではなく、地獄に堕ちた者も寿命がくればそこで死んで、また別の領域へ生まれ変わっていく。

餌で太った大豚のように、
惰眠をむさぼり、がつがつ食べて、
ごろごろ転げてねむりこける
大馬鹿者は、何度も何度も
母胎に入って輪廻を繰り返す。

——『ダンマパダ』325

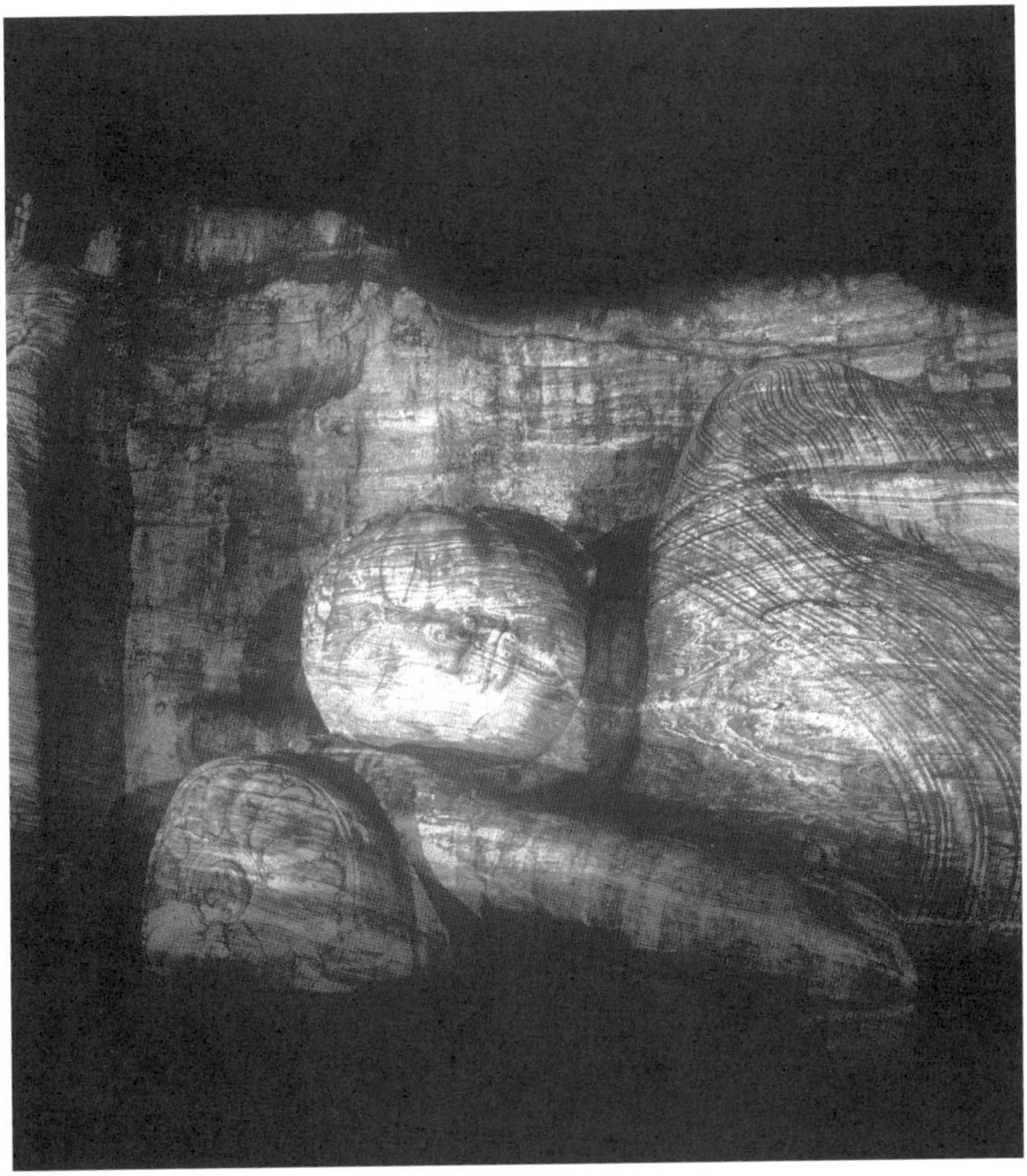

ポロンナルワの涅槃仏。スリランカ

生きることが苦しみだと考える仏教において、永遠の再生を繰り返すという輪廻とは、永遠に苦しみが続くことを意味している。

すなわち、輪廻は「生きる苦しみ」の究極のイメージなのである。

この輪廻を止めて、二度と生まれ変わらないという確信を得た状態に入ることを「涅槃《ねはん》」という。涅槃こそが、仏道修行者にとっての究極の終着点なのである。怠惰で欲望のままに生きる者は、永遠に輪廻を繰り返すしかないのだ。

心の5つの覆いを切り捨て、
すべての煩悩を除去し、
なにものにも頼らず、
愛欲の過失を断ち切って、
犀《さい》の角《つの》の如《ごと》く、ただ独り歩め。

――『スッタニパータ』第1―66

ガンダーラの仏立像。
東京国立博物館蔵。
©www.bridgemanimages.com/amanaimages

「心の5つの覆い」とは漢訳仏典では「五蓋《ごがい》」と書く。貪欲《とんよく》、瞋恚《しんに》（怒り）、惛眠《こんめん》（心の沈むこと）、掉悔《じょうけ》（心がそわそわすること）、疑《ぎ》（疑い）の5つで、心を覆う煩悩のことである。

こうした心の障害となるものを捨て去ることが肝心であるとここでは説いている。しかも修行者は誰にも頼らず、いかなる執着をも捨て去って、みずから行うことが重要なのだ。

「なまぐさ」というのは、
怒り、慢心、強情、反抗、偽り、
ねたみ、大言壮語、高慢ちき、
不良との付き合いのことである。
肉を食べることがなまぐさなのではない。

――『スッタニパータ』第2−245

チェンマイ北部の仏僧。タイ。Stephane Bidouze / Shutterstock.com

「なまぐさ」とは、清らかさの反対、すなわち汚れた状態を指す。仏教は本来、肉食を禁じていなかったので、食べ物に「なまぐさ」はないと考える。世俗の人々は、しばしば肉食を「なまぐさ」と考えるが実はそれは間違いである。本当の「なまぐさ」とは、心の中にさまざまな煩悩を起こすことなのだ。

なぜなら、煩悩こそがその人の身心を汚すものだからである。ブッダの教えは元来、この煩悩＝「なまぐさ」を戒めている。

ものへの執着

人々は、「これは自分のものだ」と
執着したもののせいで悲しむ。
なぜなら、手に入れても、
それがそのままいつまでも
続くことはないからである。
「これは本当に消滅していくものなのだ」と
見たなら、 在家生活を続けていてはならない。

――『スッタニパータ』第4－805

アンコール・トムの仏僧。カンボジア

ブッダの仏教がなぜか、出家を基本とするのがなぜか、よくわかる言葉である。人はこの世でさまざまなものに慣れ親しむ。親しみをもつこと自体が悪いのではない。慣れ親しんだものに固執し、「わがものである」と錯覚すること自体がこの世への執着を生むのだ。その対象が無くなったとき、人は悲嘆に暮れる。この世のものごとは常にうつろい、生成と消滅を繰り返す。この無常をよく知ることに出家の意味があるのであり、出家自体が目的ではない。

ガンダーラの仏立像。龍谷大学 龍谷ミュージアム蔵

第4章 生死を見つめる

人間の運命

死すべき運命を背負った人間の命には、
定まった特性もなく、不可知なものである。
それはつらくて、短くて、苦しみと結びついている。
熟した果実には、落ちるのではないかという
恐怖がついてまわる。それと同じように、
死すべき運命を背負った人間というものは、
この世に生まれてからずっと、
死ぬことを恐れるのである。

――『スッタニパータ』第3－574／576

人は生まれながらにしてすでに死ぬ運命を背負っている。生きるということは、言い換えれば死につつあるということである。

この生と死について想うとき、人生そのものが苦しみのうえに成り立っているということがわかるだろう。

その苦しみを取り除くことこそが、仏教の目的である。

「生きることは苦しみだ」と感じる人のために、ブッダの教えは存在しているのである。

老いと死の不幸

牛飼いが、棒で牛たちを
牧場へと追い立てるように、
老いと死は、
生き物の寿命を追い立てていく。

——『ダンマパダ』135

オリッサ州の牛の放牧。インド

老いや病いや死といった現象は、人間が生物として生まれてきた以上、どうにも逃れようのない、解決方法のない不幸である。

　年を重ねれば誰もが実感するこの苦悩は、気づかないあいだは楽しく生きることもできるが、いったん気づいた途端、その人の日常すべてが、絶望の薄闇に覆われてしまう。

　ブッダは修行の末、この苦悩の原因がみずからの心の中にある煩悩だと気づき、悟りをひらいた。

自己の肉体は泡のようなものであると知り、
陽炎《かげろう》のような本性のものであるとわかれば、
悪魔の花の矢を断ち切り、
死の王に見られないところへ
行くことができる。

——『ダンマパダ』46

この世の生き物は皆、時間とともに老い衰えてゆき、必ず死を迎える。それを思うと、この私の存在というものも、土台のしっかりしない、陽炎のようなものである。そしてそのように悟るならば、私たちに誤ったものの見方を勧める悪魔の誘惑を断ち切り、死の苦しみに悶える生活からも解放される。自分というものを過大評価することなく、あるがままの自分を正しく見ることが、心の安定への大道である。

アジャンター石窟寺院の様子。インド

この姿かたちは衰え果てた。
それは病気の巣であり、
たちまちにして壊れゆく。
腐敗のかたまりは崩壊する。
生は死をもって終わりとなる。

――『ダンマパダ』148

サーンチー・ストゥーパ東門の仏伝浮彫「出家踰城」。インド

ブッダが出家を決意したのは、行く手にある老・病・死という避けがたい苦難に向かって生き続けなければならない定めに絶望したからである。

老・病・死の苦しみを知ったブッダは、世の中の本質は「一切皆苦《いっさいかいく》（すべては苦）」だと実感する。死に向かって生きる人生は残酷で苦しく、そこからは誰も救ってくれない。さらにこの苦しみが輪廻世界で永遠に続いていく。ブッダはそんな絶望から抜け出す道を求めたのだ。

頭髪が白くなることで
長老になるのではない。
ただ年をとっただけの人は
「むなしい老人」と呼ばれる。

――『ダンマパダ』260

これも無明に支配された愚か者を厳しく戒めた言葉である。辛辣ではあるが、ずばりと核心をついている。真の長老についてブッダは、「誠実で、正しい道を歩み、他を害することなく、自制し、心を訓練し、汚れを離れ、自己を確立した人こそが長老と呼ばれる」と言っている。煩悩のままに、ただいたずらに年をとることは、人生を浪費していることになるのである。

ワット・シー・チュムのアチャナ仏と信者。タイ。tomgigabite / Shutterstock.com

「私」の正体

見よ、飾り立てられた形体を。
傷だらけの身体であり、
要素が集まっただけのものである。
病にかかり、勝手な思わくばかり多くて、
そこには堅実さも安定もない。

——『ダンマパダ』147

ガンダーラの仏立像。龍谷大学 龍谷ミュージアム蔵

飾り立てられた形体とは、人間の身体そのものを指す。ブッダは「これが私だ」という究極の自己などどこにもなく、原因と結果で成り立つ相対的な存在とみなすことで、ほんとうの世界のあり様をとらえることができると考えた。

だから「私」とは、肉体を作る物質的要素と、精神を形作る心的要素が集まっただけの集合体であり、そのことを理解した瞬間に、「私」を中心に組み上げられた世界も消滅する。それが「私」の正体なのだ。

骨と肉と血

骨が組み合わさって城郭が作られ、
そこに肉と血が塗られ、
その中に「老い」と「死」と「傲慢」と
「ごまかし」が鎮座している。

――『ダンマパダ』150

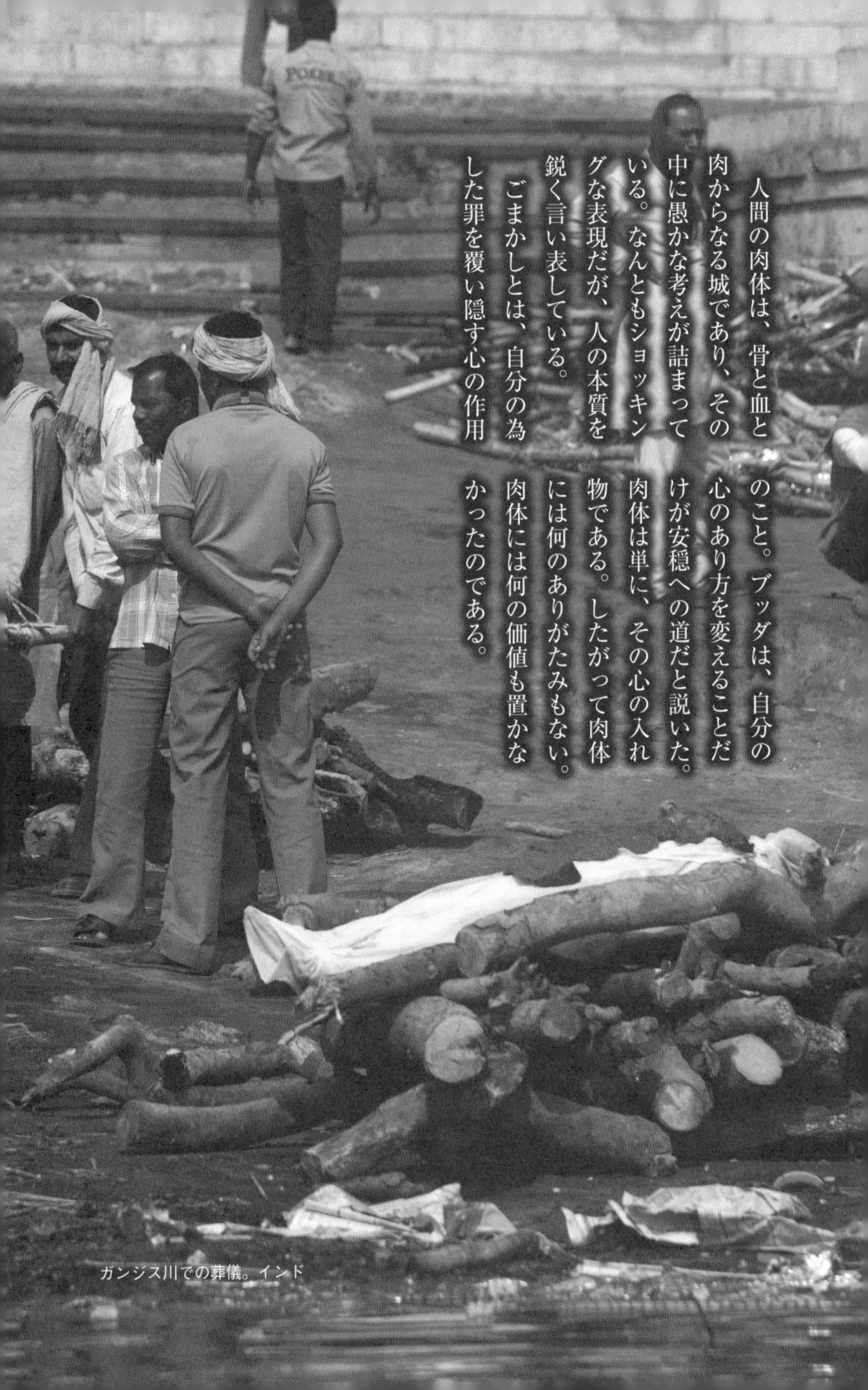

人間の肉体は、骨と血と肉からなる城であり、その中に愚かな考えが詰まっている。なんともショッキングな表現だが、人の本質を鋭く言い表している。

ごまかしとは、自分の為した罪を覆い隠す心の作用のこと。ブッダは、自分の心のあり方を変えることだけが安穏への道だと説いた。肉体は単に、その心の入れ物である。したがって肉体には何のありがたみもない。肉体には何の価値も置かなかったのである。

ガンジス川での葬儀。インド

私は、（苦しみの基盤である「自分」という）
家の作り手を探し求めて、
幾度も生死を繰り返す輪廻の中を、
得るものもなくさまよい続けた。
何度も何度も繰り返される死は、
苦しみである。

――『ダンマパダ』153

ブッダが沐浴をしたと伝わるネーランジャラー河。インド

インドでは古来より輪廻という伝統的な観念が受け継がれてきた。ブッダもその考えを受け入れていた。そして、今、生きているだけでも苦しいのに、何度死んでも何度生きても苦しみが続き、それを終わらせることができないことに絶望する。出家して修行へと旅立ったブッダは、ネーランジャラー河で沐浴《もくよく》したのち、大きな木の下に坐って瞑想する。襲い来る欲望、妄執、睡魔、恐怖などの煩悩の悪魔に打ち勝ち、悟りをひらいたのだった。

だが家の作り手よ、お前は見られたのだ。
もう二度と家を作ることはできない。
その垂木《たるき》はすべて折れ、棟木《むなぎ》は崩れた。
心はもはや消滅転変することなく、
渇愛の終息へと到達したのだ。

——『ダンマパダ』154

ブッダは、苦しみに満ちた輪廻世界をなぜいつまでも巡り続けなければならないのかと問い、心が作り出す自分中心の誤った世界観がエネルギー源となって続くと気づいた。輪廻を停止させ、永遠に変化しない安穏な状態になるためには、自己努力によって煩悩を断ち切ることが唯一の道だ。二度と家を作ることはできない、というのは悟りをひらいた者は、二度と、自分を中心に据えた虚妄な世界観の中で暮らす危険性がなくなるということ。

サーンチー・ストゥーパの法輪礼拝図浮彫。インド

殺すなかれ

すべての者は暴力におびえる。
すべての者は死を恐れる。
我が身のことと考えて、
他者を殺すことも、
殺させることも為してはならない。

——『ダンマパダ』129

「痛い目にあって殺されたい」などと思う生き物はどこにもいない。自分と他人を等しく見る視点があれば、いかなる暴力も許されるはずがない。ブッダは生き物を殺す行為を、人間の悪行の最たるものとして厳しく禁じた。この後「すべての者は暴力におびえる。すべての者にとって命はいとおしいものである。我が身のことと考えて、他者を殺すことも、殺させることも為してはならない」と続く。

牛の供犠で有名なガディマイ祭。ネパール。アフロ／ロイター

眠らずにいる人にとって夜は長く、
疲れた人にとって一里の道は遠い。
正しい理法を知らない
愚かな人たちにとって、
輪廻の道のりは長い。

——『ダンマパダ』60

『ダンマパダ』第5章「愚かな人」に収められた言葉。われわれ現代人にとっても、身に覚えのあるような1節である。

何かの不安から眠れない夜は、1日がとても長く感じられ、また気が重く、心身ともに疲れているときには日々の通勤や通学のちょっとした距離もつらく感じる。

同じように、真理を知らず、生存の苦しみの中で迷いさまよう者の道は、果てしなく長いのである。

アジャンター石窟寺院の涅槃像。インド

虚しい100年よりも充実した1日

**ものごとには発生と消滅がある
ということを理解せずに
100年生きるよりも、
発生と消滅の原則を見通しながら
1日生きる方がすぐれている。**

――『ダンマパダ』113

ブッダガヤのマハーボーディ寺院（大菩提寺院）の菩提樹。インド

　私たちは今あるものは将来もそのまま存在し続けると思いたがる。自分にとって都合が良いからである。財産も地位も肩書きも、一度手に入れたら二度と手放したくない、自己中心の思いが「すべてはいつまでも存続する」という妄念を生む。しかしそれは錯覚であり、現実は「諸行無常」、必ず壊れていく。世のあり様を正しく見て初めて、人は真の幸福を手に入れる。妄念によって錯乱した状態で100年生きても、虚しい空蝉《うつせみ》の人生でしかない。

悲しむなかれ

泣き悲しんでばかりいても、
心の安らぎは得られない。
ますます苦しみが増えてきて、　身体にも悪い。
悲しみを捨てないと、
その人は一層多くの苦しみを受けることになる。
亡くなった人のことを悲しんでばかりいると、
悲しみの虜《とりこ》となってしまう。

――『スッタニパータ』第3―584／586

ガンダーラの仏伝浮彫「涅槃」。龍谷大学 龍谷ミュージアム蔵

ブッダ自身、晩年に大切な弟子たちを相次いで亡くし、集会の場で嘆息したと言われる。しかし、それに続けて「悲しむなかれ」と説いたという。悲しむこと自体は間違いではない。誰でも親しい者が亡くなれば、悲しみの感情がわき起こる。それは仕方がない。だが、問題はあまりの悲しさに心の平静を奪われてしまうことだ。いくら悲しんでも苦悩は消えない。悲しみもまた無常であると気づき、連鎖を断ち切ることが心の平安につながるのだ。

ブッダの言葉 060 死ねば失われる

**人が「これは私のものだ」と執着したものは、
その人が死ねば失われる。
私に従う賢者は、このことを見たなら、
所有欲に屈してはならない。**

――『スッタニパータ』第4―806

生きとし生けるものはいずれ死ぬ運命にある。それゆえに、たとえ莫大《ばくだい》な財産を持った人であっても、その人が死ねば、すでにその人の物ではなくなる。それは自分の身体についてもそうである。我々が考える死とはこの身体の消滅である。もし、身体を「わがもの」と考えて執着するなら、それが失われることは究極の苦しみである。しかし、身体が単なる要素の集合体であると理解できるなら、「わがもの」という執着も消え、苦しみも和らぐのである。

マトゥラーの仏立像。インド、マトゥラー考古学博物館蔵

老いと死の消滅

いかなる所有もなく、
執着して取り込むこともない、
唯一無比のこの洲《す》を、私は涅槃と呼ぶ。
それは老いと死の完全な消滅である。

――『スッタニパータ』第5―1094

洲とは川の中州のこと。インドは元来、モンスーンによる川の氾濫や洪水の多い地域であり、そんなときに溺れた人間が必死でつかまって這《は》い上がるのが洲である。ここまでも何度か言ってきたように、執着を離れることこそ、この人生という荒波における唯一の避難所であり、それを涅槃という。涅槃に入るということはすなわち、老いや死の苦悩から解放されることなのである。

ヤムナー川の氾濫の様子。インド。アフロ／ロイター

アジャンター石窟寺院の壁画「蓮華手菩薩像」。インド

第5章 幸福とは何か

062 尊敬に値する人とともにあれ

愚かな人たちとは付き合わずに、
賢い人たちと付き合い、
尊敬に値する人たちを尊敬する。
これが最高の幸運である。

――『スッタニパータ』第2―259

『スッタニパータ』第2章「小なる章」第4節は幸福について説かれている。われわれはみずからの生まれる場所を選ぶことができない。できないからこそ、いかに自分の心が悪に染まらないようにするかを考えなければならない。ただ独り歩め、とブッダは他の箇所で説くが、同時に賢者と親しむことも勧めている。偏見で目が曇った愚か者ではなく、真理を感得し心安らかな者と親しむこと。それがみずからの心をこよなく幸せにするのだ。

ブッダガヤのマハーボーディ寺院（大菩提寺院）の仏僧。インド。R.M. Nunes / Shutterstock.com

自分の罪過を指摘し、
叱ってくれる智慧深い人というのは、
自分に財宝のありかを教えてくれる人と同じであり、
そういう賢者に出会ったなら付き従って行け。
そういう人に従えば、
善いことがあり、悪いことはない。

――『ダンマパダ』76

サールナートのダーメーク・ストゥーパ。インド

自分のことはわかっているようでも、気がついていないことが多い。また、他人から自分の欠点を指摘されると、つい反発する気持ちがわき起こってくる。しかし、都合の良いことばかり言う人より、自分の悪いところを指摘し、叱ってくれる人のほうが、欠点を見直す機会を与えてくれ、自分を高めてくれる。仏教は本来、誰の指導も受けずたった一人で修行するということはない。善い指導者につくことが仏道修行を完成するための必須条件なのだ。

真理を喜ぶ人は、
清く澄み切った心で、安らかに寝る。
賢者は、聖なる人が説いた真理を
いつも楽しんでいる。

——『ダンマパダ』79

賢者とは、自己の本質を見通し、正しい自己を実現した者のことを言う。決して賢く立ち回ることで華美な人生を送る人、といった世俗的な意味ではない。そうした自己中心的な世俗の幸福世界で一時の安楽をむさぼるのでなく、現実をありのままに見つめ、この世の真実を受け入れ、自己の価値観や世界観を変えていくことこそ大事なのだ。

そういった生き方のできる人を賢者というのである。

アジャンター石窟寺院の仏像。インド

065 自己を慎む

知恵者は身体を慎み、
言葉を慎み、心を慎む。
知恵者とは、実によく、
自己を慎んでいる者たちである。

――『ダンマパダ』234

アジャンター石窟寺院の壁画。インド

心を研ぎ澄まし、慎みをもって生きる。これが、すぐれた自己を実現するための方法である。仏教は慈悲の宗教だが、やみくもに他者のために尽くせとは言わない。他者の役に立つには、第一に自分を鍛錬し、模範となるべきすぐれた状態に到達しなければならない。煩悩まみれの人が他人を幸せにできるはずなどないからである。行動、言葉、心、いずれにおいても慎み深くあること。それこそが自己を高め、結果として他者を救うのだ。

立派なことを行う度量のある人が、
寂静《じゃくじょう》な境地に達して為すべきことは、
能力があり、まっとうで、真っ直ぐで、
語りかけやすく、穏やかで、
いばらない人でいることである。

——『スッタニパータ』第1-143

エローラ石窟群の仏像。インド

『スッタニパータ』中、第1章8節は「慈しみの経」と呼ばれる有名な部分である。そこでは「慈悲」に関する教えが続く。

「慈」とはパーリ語でメッターと言い、相手を慈しんで楽を与えることを意味している。

一方、「悲」はカルナーと言い、他者の苦しみを憐れんで、その苦を消し去ってやろうと考えること。

ここで挙げた言葉は、「慈しみの経」の冒頭部にあたる。慈悲深く生きる者の心構えが説かれている。

常に戒めを守り、智慧深く、
心を正しく集中し、自己を内省し、
気をつけて暮らす者こそが、
渡り難い激流を渡るのである。

――『スッタニパータ』第1―174

インドの触地印仏坐像。フランス、ギメ東洋博物館蔵

戒めと智慧と心の集中とは、仏教でしばしば言われる戒《かい》・定《じょう》・慧《え》の三学を意味する。戒とは、身と口と意の行いを正しく戒めること、定は心の集中、智慧は修行を正しい方向に向けて煩悩を消していく働きを言う。ここに挙げたのは、それらを正しく実践できるように説いたもの。

この3つが常に連関して機能するように日々実践することによって、さまざまな誘惑や苦悩のある人生で、安楽に生きることができるのである。

両親に仕えること、
子供と妻を守ること、
そして家業に差し支えがないこと。
これが最高の幸運である。

――『スッタニパータ』第2－262

ブッダの教えでは、出家こそ心の安らかな境地へと至る基本とされているが、他方、在家の人が安らかな境地を得るためのアドバイスも多数、説かれている。

在家者にとって、家庭の安定はもっとも身近な幸福であるが、それは生まれながらにして与えられるものではない。みずから育むことによって達成される幸福なのである。

出家であれ在家であれ、心の努力なくして幸福への道は開かれない。

ルアンパバーンの托鉢。ラオス
Elena Ermakova / Shutterstock.com

真の友に出会う

いつも関係が悪くならないか
びくびくしているくせに、
相手の欠点ばかり探すような人は友達ではない。
親の胸で安らぐ
息子のようにして頼ることができて、
他の誰にも仲を裂かれることのない、
そんな人こそが友達である。

――『スッタニパータ』第2－255

パキスタンの仏伝浮彫「マーヤー夫人（ブッダの母）の夢」。イギリス、アシュモレアン博物館蔵

母と子の情愛こそ、あらゆる関係において本質的に純粋なものであり、この心持ちであらゆるものに対することと、これがブッダの説く慈悲の心である。

この教えは『スッタニパータ』第1-149にも見られる。現代でも友人関係、仕事の関係など、他者との関わりには喜びも多いが、それに劣らず苦しみも付随する。

母子のつながりのように、何者も断ち切ることのできない深い信頼で結ばれた友人こそが真の友である。

旅を終え、憂いがなくなり、
あらゆることにおいて解放され、
一切の束縛を離れた人には、苦悩は存在しない。
心をしっかり保っている人は家を出る。
彼らは家に留《とど》まることを楽しまない。
白鳥が池を捨てていくように、
彼らはどのような家も捨てていく。

——『ダンマパダ』90–91

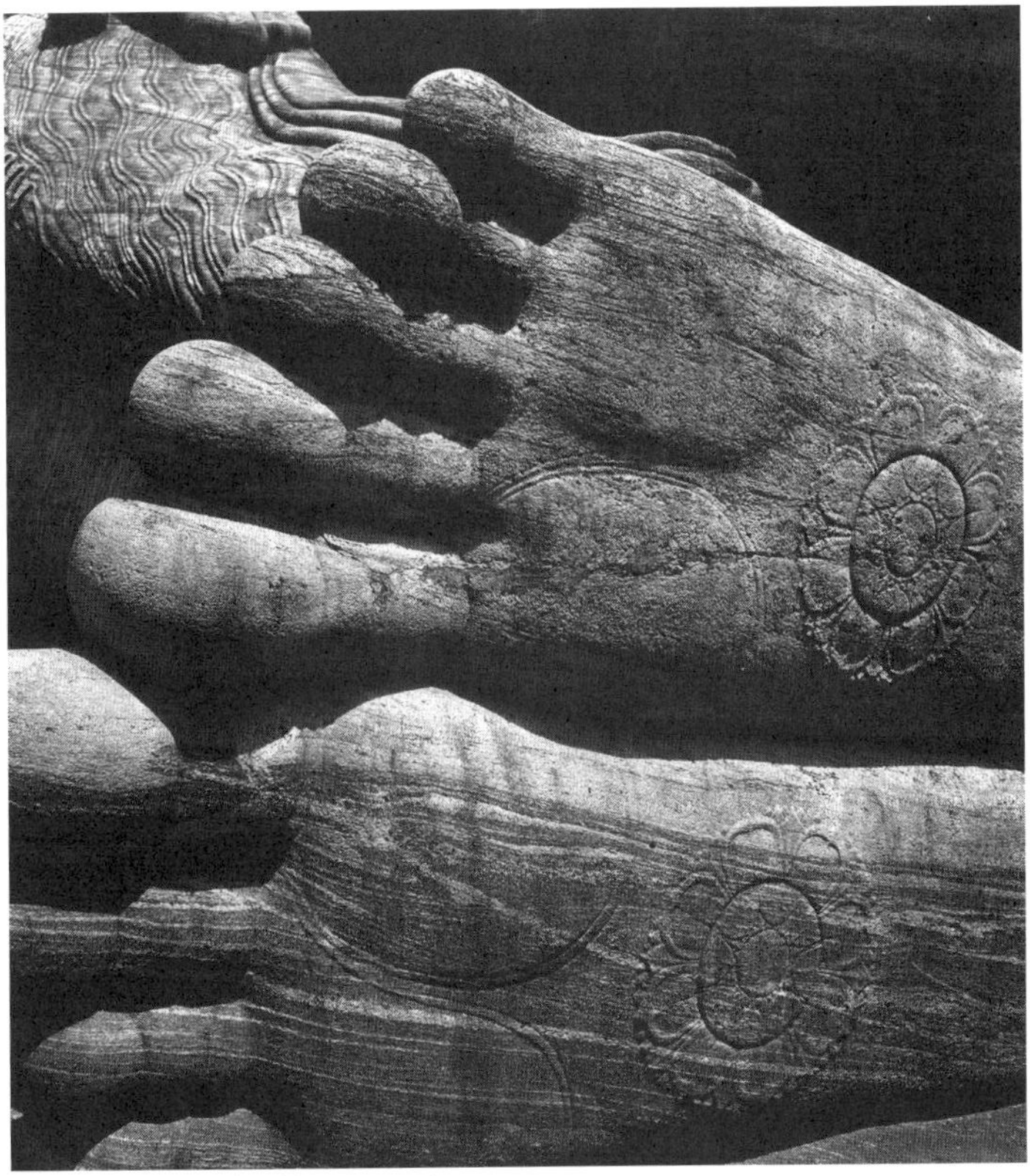

ポロンナルワの涅槃仏の足。スリランカ

出家した人は、執着によって起こる苦しみから逃れるために修行する。それは、自分だけの真の自由を求める道だとも言える。その道を究《きわ》めたとき、人はあらゆる束縛の絆《きずな》を逃れるのである。出家は、現代社会に生きる普通の人にも実行可能だ。日々の暮らしの中で既成の価値観にとらわれず、日々新たな視点を追求することがそのまま出家の境地となる。

そのような人は、飛び去る白鳥のように、古い家から旅立つのである。

世俗のことがらに触れても
心が動揺しないこと、憂いがなく、
汚れがなく、安穏であること。
これが最高の幸運である。

――『スッタニパータ』第2―268

世俗のことがらとは利得と不利益、名声と汚名、賞讃と非難、楽と苦の8つを言う。いずれも対をなすことがらであるが、こうしたことに心を乱されないことが、幸せをもたらすとブッダは説く。

人は自分にとって心地よいことは受け入れ、都合の悪いことは拒否する。しかし、その両方ともが、心を動揺させるという点で安楽への障害である。

まわりからの評価が、決して幸せの必要条件ではないのだ。

アジャンター石窟寺院の壁面彫刻。インド

072 真実の明かりを求めよ

この世間が燃え上がっているというのに、
いったい何が笑いだ、何が歓びだ。
お前たちは暗闇に覆われていながら、
どうして明かりを探し求めないのだ。

——『ダンマパダ』146

ブッダガヤのマハーボーディ寺院(大菩提寺院)の燈明。インド

ここで説かれるのは、そのまま現代にも通じるような1節である。

忙しく追いまくられているうちに、いつしか老・病・死の崖っぷちへと近づいていく現代人の生活は、まるで燃え上がる火にさらされているかのようだ。

その中で、目先のつまらぬ娯楽に打ち興じていていったい何になるというのだろう。諸行無常という世の本質を感得し、真に充足した人生の道しるべを求めよと説く。

悪を為さず、善を為せ

人がもし悪事を為したなら、
それを繰り返してはならない。
それを楽しんではならない。
悪事が積み重なることは苦しみである。
人がもし善いことをしたなら、 それを繰り返せ。
善いことを心がけよ。
善いことが積み重なることは楽しみである。

——『ダンマパダ』117－118

アジャンター石窟寺院の仏像。インド

ここでは善と悪について語られる。続けて「悪事が熟さないあいだは、悪人でも良いことが起こる。しかし悪事が熟すれば、そのときには、悪人はひどい目にあう。善行が熟さないあいだは、善人でもひどい目にあうが、善行が熟すれば、そのときには、善人には良いことがある」とある。

善悪の果報についてわれわれ凡人にそのメカニズムはわからないが、それでも原因と結果の関係は明確に、そして厳密に決まっているのである。

恨みを抱かない心

恨みを抱く人たちの中で、
私は恨みを抱くことなく、
安楽に生きよう。
恨みを抱く人たちの中で、
恨みを抱くことなく暮らしていこう。

——『ダンマパダ』197

マトゥラーの仏像（頭部のみ）。インド、マトゥラー考古学博物館蔵

どのような生き物にも心があり、その心の中には、悪い要素としての煩悩が含まれている。煩悩が作用するせいで、あらゆる生き物は「生きる苦しみ」に悶えなければならないのである。恨みはそういった煩悩の中でも特に強力なものの1つである。

煩悩からの離脱を目指す者は、どれほどまわりに煩悩まみれの同類がいたとしても、決してそれに惑わされることなく、自己の立場を堅持しながら着実に歩んで行かねばならない。

勝ち負けにこだわるな

**人に勝つことが恨みのもとである。
負けた人は苦しい思いで横になる。
心が安らいでいる人は、
勝負を捨てて幸せな心で横になる。**

——『ダンマパダ』201

どのようなかたちにしろ、他者と競争するということは、「自分が勝利し、他者が敗北する」という状態を期待して行うことである。そこには必ず、勝った者の奢《おご》りと、負けた者の恨みがついてまわる。仏教は他者に打ち勝つための宗教ではなく、自分の心を安穏にするための道であるから、こういった勝ち負けの関係を嫌う。真の安らぎは、他者との勝負ではなく、自己反省に基づく内部の努力によってしか実現できないのである。

ダンブッラの黄金寺院の涅槃仏。スリランカ

幸福は自分の努力次第

お前たちがこの道を行けば、
苦を終わらせることができる。
私は矢の抜き方を知って、この道を説いたのである。
お前たちは自分で努力しなければならない。
如来たちは教えるだけだ。
道を行く瞑想修行者は、悪魔の縛りから解放される。

――『ダンマパダ』275－276

ワット・シェンクアン（ブッダ・パーク）の涅槃仏と仏僧。ラオス

ブッダは、弟子たちに矢を抜く智慧、すなわち苦しみを消す方法を授けた。苦しみを消したいと願う修行者は、そのブッダの教えを道しるべとしながら、自分の力で悟りを目指して精進する。

現代でも、こうした生活を日常の暮らしに取り入れている人は多い。仕事から帰ってくると、暗くした部屋で静かに坐って心を清めるのである。

時代は変わっても、ブッダが説いた自己鍛錬の道は不変である。

077 あらゆることを制御する

眼について制御するのは善いことだ。耳について制御するのは善いことだ。
鼻について制御するのは善いことだ。舌について制御するのは善いことだ。
行動を制御するのは善いことだ。言葉を制御するのは善いことだ。
心を制御するのは善いことだ。
すべてにおいて、制御は善いことである。
すべてにおいて制御した仏教修行者は、
あらゆる苦しみから逃れ出る。

——『ダンマパダ』360–361

ブッダは仏教修行者たちに、感覚器官と自己の行為、そして心を制御できるようにすることが、苦しみから逃れる方法だと説いた。『般若心経』にも「眼耳鼻舌身《げんにびぜっしん》意《い》」とある。この6つの器官を六根《ろっこん》といい、視覚、聴覚、嗅覚、味覚、触覚という5つの肉体上の感覚器官および心（意）のことで、これらが汚れると煩悩が起こると考えられた。日本で修行者が唱える「六根清浄《ろっこんしょうじょう》」という有名な句は、このような思想に根ざしている。

ダンブッラの黄金寺院内のストゥーパ。スリランカ

078 聖者の安楽

他の人たちが「安楽だ」というものを、
聖者たちは「苦しみである」と言う。
他の人たちが「苦しみだ」というものを、
聖者たちは「安楽である」と言う。
法は知り難いものであると見よ。
無知なる者たちは、ここで迷うのである。

――『スッタニパータ』第3-762

ハッダの仏坐像。龍谷大学 龍谷ミュージアム蔵

快楽に身を任せることこそ「安楽」と信じる者にとって、聖者すなわちめざめた人が説く「安楽」は「苦しみ」でしかないように見える。なぜなら、それは私たちが本能的にもっている欲望の心をあえて断ち切ることだからである。

しかし実は、それこそが真の安楽なのだ。欲望の鎖に縛られない心を保ち続けることがブッダの言う安楽である。このことがわからない者はいつまでも輪廻の世界を繰り返し、苦悩が晴れることはない。

第6章 真理の道へ

一切の悪を為さず、善を成し遂げ、
自分の心を清らかにする。
これがブッダたちの教えである。

――『ダンマパダ』183

エローラ石窟群の過去七体仏（部分）。インド

ここで説かれるのはあらゆる人に向けてのもっとも基本的な教えである。

これは、仏教世界では一般に「七仏通戒偈《しちぶつつうかいげ》」として知られるもの。

普通、ブッダといえば釈《しゃ》迦《か》を指すが、仏教徒たちは遠い過去にも大勢のブッダが現れたと考えている。その中でも釈迦を含めて、過去の7人のブッダがすべてこの教えを説いたとされる。

仏教に生きる者が従うべき、基本的な生活指針である。

永遠の真理

実にこの世では、恨みによって
恨みが鎮まるということは決してない。
恨みは、恨みを捨て去ることで鎮まる。
これは永遠の真理である。

――『ダンマパダ』5

ルワンウェリ・サーヤ大塔。スリランカ

恨みは煩悩の1つである。人間である限り煩悩は存在する。ブッダはこの煩悩を消すために出家して修行者となった。

1951年のサンフランシスコ講和会議には、スリランカも参加したが日本に賠償要求はしなかった。

スリランカの代表はこの句を引用して、「戦いは終わったのだから、恨みに報いるに恨みをもってすることはしない」と宣言した。

敗戦により疲弊した日本は、このブッダの言葉に救われたのである。

八正道と四聖諦

さまざまな道の中でも
八正道《はっしょうどう》がもっともすぐれており、
さまざまな真理の中でも、
四聖諦《ししょうたい》の4つの句がもっともすぐれている。
さまざまな状態の中でも、
貪欲を離れることがもっともすぐれており、
さまざまな人の中でも、
眼ある者（ブッダ）がもっともすぐれている。

——『ダンマパダ』273

法輪礼拝図浮彫。インド、ニューデリー国立博物館蔵

四聖諦とは、この世は苦しみであり(苦諦《くたい》)、苦しみを生み出すのは心の煩悩であり(集諦《じったい》)、煩悩を消滅させれば苦は消える(滅諦《めったい》)。そのためには八正道を実践すればよい(道諦《どうたい》)という教え。八正道とは、正しいものの見方(正見《しょうけん》)、正しい考え(正思惟《しょうしゆい》)、正しい言葉(正語《しょうご》)、正しい行い(正業《しょうごう》)、正しい生活(正命《しょうみょう》)、正しい努力(正精進《しょうしょうじん》)、正しい自覚(正念《しょうねん》)、正しい精神集中(正定《しょうじょう》)である。

シンプルだが奥の深い教えである。

082 輪廻を決めるのは自分の行い

恥じなくてよいことを恥じ、
恥ずべきことを恥じない。
そういう者たちは、誤った見解を抱いたまま、
悪い場所へと生まれ変わっていく。
恐れなくてもよいことを恐れ、
恐るべきことを恐れない。
そういう者たちは、誤った見解を抱いたまま、
悪い場所へと生まれ変わっていく。

——『ダンマパダ』316−317

若き日のブッダには「老病死」のほかに、もう1つ大きな苦しみがあった。当時信じられていた輪廻である。宇宙には「天」「人」「畜生」「餓鬼」「地獄」という5つの世界があり（後に「阿修羅《あしゅら》」も入る）、自分がした行為によって、必ずどこかの世界に生まれ変わり、死に変わり、輪廻の中で誰にも救ってもらえない苦しみが永遠に続く。煩悩を断ち切って輪廻を止めない者は、繰り返し悪い世界に生まれ変わることになる。

ガンダーラの仏坐像。個人蔵。

083 善を為そうとする煩悩

輪廻の流れを断ち切り、
為すべき善も
為すべからざる悪も捨て去り、
執着のない仏道修行者(比丘)には、
苦悩がない。

——『スッタニパータ』第3—715

ポロンナルワの涅槃仏と仏僧。スリランカ

苦悩の世界を、何度も何度も繰り返し生きねばならない、この輪廻の世界から脱出し、涅槃へと至る道をブッダは目指した。

人は行いによってみずからの一生を決める。そのため涅槃に至る者は善悪どちらを為すことにも執着しない。悪いことだけでなく、あまりに強く「私は善いことをしよう」と考えることは実はかえって煩悩を生むのである。

風のように自然に活動する中で、善い行いを積み重ねることが大切なのだ。

岩の塊が風に吹かれても
びくともしないように、
賢者は非難にも賞賛にも動じることがない。
澄み切って清らかな深い湖のように、
賢者は真理を聞いて、
心が澄み渡るのである。

――『ダンマパダ』81―82

ワット・シー・チュムのアチャナ仏。タイ

どっしりと大地に置かれた巨岩は、賢者の心の安定を表している。

冷たく澄んだ湖は、賢者の心の迷いのなさを表現している。世の中にはさまざまな毀誉褒貶《きよほうへん》の言葉が充満している。褒められればうれしくなり、けなされれば腹が立つ。しかしそれは賢者のあり方ではない。この世の真の姿がわかっている人は、こうした褒め言葉にも悪口にも動揺することがない。そして真理の言葉にのみ耳を傾け、それを自己の栄養とするのである。

愚かな人は、死ぬまで賢者に仕えても、
理法を知ることがない。
それはたとえば、
スプーンにはスープの味が
わからないようなものである。

——『ダンマパダ』64

アフガニスタンの仏伝浮彫。フランス、ギメ東洋博物館

この後には「聡明《そうめい》な人は、ほんの一時、ただちに賢者に仕えるだけで、ただちに理法を知る。それはたとえば、舌がスープの味をただちに知るようなものである」とある。ここでいう「理法」とは、科学が示すような普遍的な宇宙の真理ではなく、人が心の苦しみを根底から消すことのできる道のことを言っている。

人間一人ひとりが杖《つえ》として寄りかかることのできる正しいものの見方であり、正しい生活方法に関する確信である。

出家の目的

親密になることからは恐れが生じ、
家庭生活からは汚れの塵が生ずる。
家庭生活もなく、
親密になることもない、
それこそが、賢者の立場である。

——『スッタニパータ』第1-207

ガンダーラの仏伝浮彫「愛馬との別れ・衣服交換」（部分）。龍谷大学 龍谷ミュージアム蔵

仏教は出家することを基本としている。家があるからこそ汚れた塵が生ずるとするこの教えは、執着の発端となるのはあらゆるものに対する慣れや親しみであるとする。何かに慣れ親しむことはいつしかそれを自分のものと思い込む錯覚につながる。そしてそこに執着が生まる。

こういった執着を起こさずに暮らすことが出家の意味であるから、この状況さえ実現できれば、一般社会の中でも出家的に生きることとは十分可能である。

「因果関係によってつくりだされた
すべてのものは無常である」(諸行無常)と
智慧によって見るとき、
人は苦しみを厭《いと》い離れる。
これが、人が清らかになるための道である。

――『ダンマパダ』277

ガンダーラの仏坐像。アメリカ、クリーブランド美術館蔵

苦しみの原因となる「無明」は煩悩の親玉であるが、それは、世のものごとを、自分の都合でねじ曲げてとらえるということでもある。では、世のものごとの正しい姿とは何か。それは、すべてが因果関係で繋がっており、それが全体として時事刻々、移り変わっていくということである。

そこに永遠不滅なものなど何もない。すべてがうつろう諸行無常の世界を認識して初めて、この世の真のあり様が見えてくるのである。

「因果関係によってつくりだされた
すべてのものは苦である」(一切皆苦)と
智慧によって見るとき、
人は苦しみを厭い離れる。
これが、人が清らかになるための道である。

——『ダンマパダ』278

ガンダーラの仏伝浮彫。パキスタン。 ©www.bridgemanart.com/amanaimages

ブッダはすべてのことに原因と結果がある、と考えた。あらゆるものは因果関係の網の目でつながって、いつでもお互いに影響し合う。そして我々もその世界の一要素にすぎない。これを理解していれば、今ある状態は永遠に続くとは思わない。

いい状態がずっと続くと思うのは、自分に都合のいい解釈であり、典型的な無明である。この世の中が一切皆苦であることを正しく認識できれば、苦しみから離れられるのだ。

「すべての存在に、自我なるものはない」（諸法無我）
と智慧によって見るとき、人は苦しみを厭い離れる。
これが、人が清らかになるための道である。

――『ダンマパダ』279

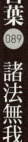

アジャンター石窟寺院の天井壁画。インド

無明に支配されている人は、「諸行無常」が理解できず、そのために「自分＝自我」というものに対して誤った認識を持つ。「この世には自分という、不変の実体が存在している」という思い込みである。そしてその思い込みを土台にして世界観を創作し、自分に都合のいいようにものを見る。

しかし、ブッダは、そもそも自分などなく、自分中心に世界をとらえるのは、愚かの極みだと説いた。

この教えを「諸法無我」と言う。

苦しみが生じてくるのは、
すべて潜在的形成力が
原因となっている。
そして潜在的形成力が消滅すれば、
苦しみは生じない。

——『スッタニパータ』第3-731

伝スワートの仏頭部壁画。龍谷大学 龍谷ミュージアム蔵

『スッタニパータ』第3章第12節では2種類の観察法が説かれている。1つは苦しみがいかに生じるのかを知ることであり、もう1つはその苦しみがどうすれば消滅するのか、その方法を実践することである。

潜在的形成力とは、人の将来を決めていく意思の働きである。業と同じ意味でも使われる。

ここでも行いが苦しみを生み、そうした行いを改め、欲望にとらわれることをやめたときに苦しみは消滅すると教えている。

バラモンとは誰か

生まれによって賤《いや》しい人となるのではない。
生まれによってバラモンとなるのではない。
行為によって賤しい人ともなり、
行為によってバラモンともなる。

——『スッタニパータ』第1-142

インドのヒンドゥー社会では今日でもカースト制が残っており、人々は生まれながらにして親のカーストを引き継ぎ、それを個人の努力で変更することはできない。その中でもバラモンは最高位のカーストである。
　カースト制を否定する仏教はこの、生まれ・血筋で決まるバラモンの地位を認めない。真のバラモン（最高位の人）とは、その人の行為によって決まると考えるのである。

アジャンター石窟寺院の千体仏浮彫。インド

「生まれ」よりもいかに生きるか

人の生まれを問うなかれ。行いを問え。
火はどんな薪《たきぎ》からでも生ずる。
賤しい家柄の者でも、
心堅固で恥を知る聖人となれば、
それは高貴な人である。

――『スッタニパータ』第3-462

マトゥラーの仏立像。インド、
マトゥラー考古学博物館蔵

ここで挙げた言葉には、『スッタニパータ』第1－142で説かれた教えと同じことが、形を変えて語られている。ブッダは生まれよりも日々の行いこそが大事だと説いているのだ。

どんな種類の薪からでも同じ火というものが熾《お》こってくるのと同じく、「聖人」と呼ばれるすぐれた人物は、どんな種類の家系からでも現れる。人の貴賤は家柄で決まるのではない。

本人の心のあり方で決まるのである。

093 人間は平等である

身体を持つ生き物には
それぞれに種類の区別があるが、
人間のあいだには、そういった区別はない。
人間の場合の区分は、
単に名称によるにすぎない。

――『スッタニパータ』第3-611

アユタヤの仏像群。タイ

『スッタニパータ』第3章第9節では、真のバラモンとなるのは「生まれ」か、「行為」かという論争の真義を問われたブッダがみずからの見解を説く。

ブッダは、この世のあらゆる生物はそれぞれに特徴があって、種を異にしており、生まれにおいて区別があるが、人間という同一種内での区別はただ名称の相違にすぎないとしたのである。生まれも、家柄も、血統も否定し、「生まれを問うな、行いを問え」と教えさとしたのだ。

世の中は行為（業）によって転変し、
人々も行為によって転変する。
生き物は行為によって、
転変する世界と結びつけられている。
それはちょうど、二輪戦車が轅《くびき》によって
馬と結びつけられているようなものである。

――『スッタニパータ』第3－654

サーンチー・ストゥーパの浮彫「アショーカ王伝」。インド

ブッダの説く仏教では、生まれではなく「行い」を重視する。

多くの原始仏典の中ではこのことを表現を変え、さまざまな喩えによって繰り返し、説き示している。

人のあり方を決めるのは、生まれではなく、その人が自分の意思で何をしたかという「行い」である。

正しい行いを為す者こそが、この世で最も価値ある人である。そしてそのためには、「正しく生きよう」という強い決意が必要なのである。

古いものを喜んではならない。
新しいものを好んではならない。
滅んでいくものを悲しんではならない。
心惹かれるものに
寄っていってはならない。

――『スッタニパータ』第4－944

アジャンター石窟寺院の千体仏壁画。インド

ブッダが生まれた約2500年前の古代インドでは、古来の宗教であるバラモン教を否定した、さまざまな自由思想家たちが独自の教えを説き、実践していた。旧来の宗教と、種々雑多な新しい宗教が互いにしのぎを削り、宗教界は激しく沸《わ》き立っていたのである。この時代にあって、ブッダは、因習にも、奇異な目新しさにも惑わされることなく、智慧の力で正しい道を歩んでいけと説いた。智慧の宗教である仏教の本質を表す1句である。

昔の仙人たちは、
自己を制御した苦行者であった。
彼らは5種の欲望の対象を捨て、
自分の求めるところを
実践したのである。

――『スッタニパータ』第2―284

ここで言われる「5種の欲望の対象」とはすなわち、人の持つ5つの感覚器官(眼《げん》、耳《に》、鼻《び》、舌《ぜつ》、身《しん》)が刺激されることで起こる5つの欲望(色欲、声欲、香欲、味欲、触欲)の対象を指す。私たちは、さまざまな快楽を楽しむことが幸せだと考えるが、それは錯覚であり、快楽こそがまわりまわって苦しみの原因となる。快楽の流入をできるだけ押さえ、静謐《せいひつ》な心を保つことが重要なのである。

ブッダガヤのマハーボーディ寺院(大菩提寺院)の仏像。インド

ブッダ（世尊）は言われた。
「アジタよ、世間は無明で覆われている。
強欲と放逸のせいで、この世は輝かない。
私は、渇望がこの世の汚れであり、
苦しみがこの世の大いなる恐怖だと説く」と。

――『スッタニパータ』第4－1033

ガンダーラの仏坐像(上半身)。龍谷大学 龍谷ミュージアム蔵

のちに仏教の教えに帰依した青年アジタが世間は何によって覆われているのかと問うた際に、ブッダはこのように応じた。「無明」とはさまざまな煩悩の本源ともされるもの。「明」すなわち智慧の「無」い状態のこと。智慧が無いとは、単に知識が乏しいことを指すのではなく、ものごとを正しく理解する力が欠けているために、世界を自分に都合の良いようにねじ曲げて見ている状態である。それがむさぼりと怠惰を生み、苦悩を生むのだ。

完成した状態に達し、
恐れることがなく、渇愛を離れ、
汚れのない者は、
生存の矢を断ち切ってしまっている。
この身体が最後のものである。

——『ダンマパダ』351

バンコクのワット・ポー（涅槃寺）の大涅槃仏。タイ

涅槃について語った言葉である。齢80となったブッダは弟子アーナンダと最後の旅に出て、大病を患った。一時小康状態になったが、食中毒を起こして再び倒れ、クシナーラーという場所の沙羅双樹《さらそうじゅ》の下で横になり瞑想する。そして輪廻の連鎖から解き放たれた不変不滅の状態（無余依涅槃《むよえねはん》という）に入った。

悟りの境地に至ると、生死はもはや関係しない。この最終的な境地を「涅槃寂静《じゃくじょう》」という。

究極の真理へと到達するために精励努力し、
心ひるむことなく、行い、怠ることなく、
足取り堅固に、体力、智力《ちりょく》を身につけて、
犀《さい》の角《つの》の如《ごと》く、ただ独り歩め。

——『スッタニパータ』第1−68

最古の原始仏典『スッタニパータ』の第1章第3節では「犀の角の如く、ただ独り歩め」という表現が末尾に入った言葉が続く。これは修行者の生活や心持ちについて表したものである。すなわち、犀が角を立てて勇ましく歩むように、他人からの毀《き》誉《よ》褒《ほう》貶《へん》に左右されることなくただ一人、自分の確信に従って暮らすことが肝心なのだ、と説いている。自己努力に励み、己を改善することにより救いを得ようとするブッダの仏教の核心がここに見て取れる。

ブッダガヤの仏足石。インド

諸々のことがらは過ぎ去っていく。
怠ることなく修行を完成せよ。

――『大パリニッバーナ経』第6－7

ブッダ入滅の地クシーナガルの大涅槃堂の涅槃仏。インド

『大パリニッバーナ経』とは、「ブッダの大いなる死」を意味するパーリ語で、ブッダ最後の旅路を伝えた経典である。ここに挙げた1節はブッダが亡くなる直前に残した最期の教え。非常に短いこの言葉に、ブッダの世界観のすべてが集約されている。すなわち、この世には常なるものは存在しない。諸々のことがらが過ぎ去っていく諸行無常の世界を前提とし、その中でブッダの説いた法に則《のっと》って、自己を鍛え日々を過ごせと説いている。

訳・監修　佐々木《ささき》　閑《しずか》

1956年、福井県生まれ。京都大学工学部工業化学科、および同大学文学部哲学科仏教学専攻卒業。京都大学大学院文学研究科博士課程満期退学。米国カリフォルニア大学バークレー校留学を経て、花園大学文学部仏教学科教授。文学博士。専門は、仏教哲学、古代インド仏教学、仏教史。主な著書に『NHKテレビテキスト「100分de名著」　ブッダ　真理のことば』『NHKテレビテキスト「100分de名著」　ブッダ　最期のことば』ともにNHK出版、『本当の仏教を学ぶ一日講座　ゴータマは、いかにしてブッダとなったのか』NHK出版新書、『科学するブッダ　犀の角たち』角川ソフィア文庫、『出家的人生のすすめ』集英社新書ほか多数。

主要参考文献（順不同）

佐々木閑著『NHKテレビテキスト「100分de名著」　ブッダ　真理のことば』『NHKテレビテキスト「100分de名著」　ブッダ　最期のことば』NHK出版、佐々木閑著『本当の仏教を学ぶ一日講座　ゴータマは、いかにしてブッダとなったのか』NHK出版新書、佐々木閑著『出家的人生のすすめ』集英社新書、龍谷ミュージアム編『釈尊と親鸞―インドから日本への軌跡』法蔵館、龍谷ミュージアム編『釈尊と親鸞　釈尊編　第１～３期出品解説』『釈尊と親鸞　釈尊編　第4～6期出品解説』龍谷大学、中村元訳『ブッダのことば』『真理のことば・感興のことば』『ブッダ最後の旅』『神々との対話』『悪魔との対話』『尼僧の告白』『仏弟子の告白』岩波文庫、中村元著『原始仏典を読む』岩波現代文庫、中村元著『原始仏教』ちくま学芸文庫、中村元著『古代インド』講談社学術文庫、中村元著『ブッダ伝　生涯と思想』角川ソフィア文庫、中村元ほか著『ブッダの言葉』新潮社、中村元ほか編『岩波仏教辞典第二版』岩波書店、片山一良著『「ダンマパダ」をよむ』サンガ、片山一良著『パーリ仏典にブッダの禅定を学ぶ　『大念処経』を読む』大法輪閣、雲井昭善著『万人に語りかけるブッダ―「スッタニパータ」をよむ』NHKライブラリー、上村勝彦訳『バガヴァッド・ギーター』岩波文庫、上村勝彦著『バガヴァッド・ギーターの世界―ヒンドゥー教の救済』ちくま学芸文庫、J.ゴンダ著『インド思想史』岩波文庫、山下博司著『古代インドの思想　自然・文明・宗教』ちくま新書、魚川裕司著『仏教思想のゼロポイント―「悟り」とはなにか』新潮社、青木保著『タイの僧院にて』中公文庫、桜井俊彦著『インド仏跡ガイド』法蔵館、丸山勇著『カラー版　ブッダの旅』岩波新書、島田裕巳『世界遺産で見る仏教入門』世界文化社、宮治昭著『仏教美術のイコノロジー―インドから日本まで』吉川弘文館、宮治昭著『バーミヤーン、遥かなり―失われた仏教美術の世界』NHKブックス、増谷文雄著『智慧と慈悲「ブッダ」』角川ソフィア文庫、増谷文雄訳『阿含経典(1)(2)(3)』ちくま学芸文庫、今枝由郎訳『日常語訳ダンマパダ―ブッダの〈真理の言葉〉』トランスビュー

写真・図版提供　龍谷大学 龍谷ミュージアム、手塚プロダクション、amanaimages、shutterstock、アフロ／ロイター

ブッダ 100の言葉

（ぶっだ ひゃくのことば）

2015年11月20日　第1刷発行
2022年 6月 7日　第3刷発行

訳・監修　佐々木 閑
発行人　蓮見清一
発行所　株式会社宝島社
〒102-8388　東京都千代田区一番町25番地
電話：営業03(3234)4621／編集03(3239)0926
https://tkj.jp
印刷・製本　サンケイ総合印刷株式会社

ISBN978-4-8002-4616-5